나는 왜 남들보다 쉽게 불안해질까

나는 왜 남들보다 쉽게 불안해질까

데이비드 A. 클라크 지음 · 공지민 옮김

후회와 걱정을 내려놓고 진짜 '나'를 되찾는 불안 심리학

awake

"데이비드 A. 클라크는 보통 사람들에게 만성 불안을 일으키는 심리적 과정을 탁월하게 설명한다. 그뿐 아니라 이를 극복하기 위한 가장 효과적이고 과학적으로 검증된 전략까지 제시한다. 독자들은 불안을 경험하는 다양한 사람들의 이야기 속에서 분명 자신과 닮은 모습을 발견하게 될 것이다. 불안 없는 인생을 향한 여정을 시작하는 모든 이들에게 꼭 필요한 책이다."
— 피터 J. 노턴, 호주 케언밀러연구소 심리학 교수, 《불안의 집단 인지행동치료》의 저자, 《일반인을 위한 불안 극복 프로젝트》의 공동 저자

"이 책은 불안을 겪는 사람들의 이야기를 명확하면서도 흥미진진하게 풀어내는 데 성공했다. 사람마다 불안이 생기는 과정과 그 핵심 기제는 다르다. 이 책에서는 그 과정과 기제를 다각도로 분석할 뿐더러, 단계별 전략을 제공해 불안을 해결하는 방법을 곱씹어 설명한다. 불안이 왜 생기는지, 어떻게 다룰 수 있는지를 알고 싶은 사람에게 강력히 추천한다."
— 닐 A. 렉터, 캐나다 토론토대학교 정신의학 및 심리임상과학 교수, 토론토 포레스트힐 인지행동치료센터 소장, 《우울과 불안 없는 인생을 위한 워크북》의 공동 저자

"이 책이야말로 누구나 부담 없이 읽을 수 있는 현대인의 진정한 자기계발서다. 전문 용어 없이도 불안의 개념을 직관적으로 다루고 있으며, 불안 치료에 관한 최신 연구 결과를 풍부하게 담고 있다. 일상적 불안을 다스리고 싶은 우리 모두에게 굉장히 유용한 책이다. 실천 가능한 조언도 매우 풍부하며 무엇보다도 재미있게 읽을 수 있다. 이 책은 자기계발서의 수준을 한 단계 높였다."

— 클라우디오 시카, 이탈리아 피렌체대학교 임상심리학 교수, 불안 및 성격장애 관련 90여 편의 세계적 논문을 발표한 저자이자 편집자

"불안 증상에 공통으로 작용하는 12가지 핵심 과정을 구분해 설명한 것은 탁월한 선택이었다. 또한 이를 해결하기 위한 전략들이 명확하고 실용적이며, 누구나 쉽게 이해할 수 있게 설명되어 있다. 클라크의 오랜 임상 경험과 전문성이 잘 드러나는 책이다. 불안이 당신의 삶을 방해하고 있다면, 이 책에서 유용한 해결책을 찾을 수 있을 것이다. 불안은 충분히 관리할 수 있으며, 클라크는 그 방법을 명확하게 제시한다."

— 모린 L. 휘틀, 캐나다 브리티시컬럼비아대학교 임상심리학 교수, 캐나다 불안장애협회 공동 창립자

"클라크는 최신 심리 치료 기법을 누구나 이해하기 쉬운 언어로 설명한다. 그는 자신의 임상 경험을 바탕으로 종합한 개인들의 실제 이야기를 들려주고 다양한 심리적 문제와 그 해결 방법을 보여줌으로써 독자들이 스스로 불안을 다스릴 수 있도록 돕는다. 저자의 오랜 연구와 임상 경험을 집대성하면서도 불안을 다루는 실질적인 방법을 제시한 완벽한 책이다. 이렇게 알차고 쉽게 읽을 수 있는 불안 심리서는 지금까지 없었다."
– 게리 P. 브라운, 영국 런던로열홀러웨이대학교 임상심리학 교수

"이 책은 과학적 근거를 바탕으로 불안을 하나하나 분석하며, 불안을 유발하는 요인들에 대한 공감 가는 통찰을 제공한다. 각 장에서는 특정한 유형의 불안을 유발하는 요소를 설명하고, 관련 사례를 통해 그 원리를 자세히 들여다본다. 저자의 풍부한 자기계발서 집필 경험이 그대로 녹아 있는 이 책은 독자들이 쉽게 실천할 수 있는 해결책을 제시한다. 불안을 이해하고 극복하고 싶은 사람에게 값진 책이 될 것이다."
– 가이 도론, 이스라엘 라이히만대학교 부교수, ROCD 연구소장, GGtude 공동 창립자 겸 최고과학책임자

"불안은 누구나 경험하는 감정이지만, 그것으로 삶이 압도되면 심각한 고통이 될 수 있다. 저명한 임상심리학자인 데이비드 A. 클라크는 이 책에서 사고와 행동 패턴이 어떻게 위험에 대한 감각을 예민하게 하고 결국 불안을 증폭시키는지 그 과정을 분석하고, 이를 해결할 수 있는 단계별 가이드를 제시한다. 임상적 지식, 생생한 사례, 실용적인 팁이 담긴 명료하고 통찰력 있는 이 책은 불안을 극복하고 싶은 사람들을 위한 필독서다."

– 라타 K. 맥긴, 미국 예시바대학교 페르카우프대학원 심리학 교수, 인지행동컨설턴트
  (CBC) 공동 창립자, 세계인지행동치료협회(WCCBT) 회장

"이 책은 현대 사회를 살아가는 우리 모두에게 꼭 필요한 책이다. 데이비드 A. 클라크는 불안을 해결하고 불안과 함께 살아가는 법을 배우는 데 꼭 필요한 내용을 쉽고 공감할 수 있는 방식으로 전달한다. 그의 수십 년간의 연구와 임상 경험이 응축된 이 책은 마치 벽난로 앞에서 대화를 나누듯 편안하고 따뜻하면서도, 과학적 근거가 확실하다. 이미 불안에 관한 책을 여러 권 읽어본 사람이라도 이 책에서 새로운 통찰을 얻을 수 있을 것이다."

– 피터 J. 비엘링, 캐나다 맥마스터대학교 정신의학 및 행동신경과학 교수, 온타리오
  구조적 심리치료 프로그램 임상 컨설턴트

심리치료실에서 많은 환자를 만났다.

그들은 하나같이 용기 내어 불안과 걱정에 대한

아주 개인적인 경험을 들려주었다.

그들 덕분에 나는 손에 잡히지 않던 불안이라는 감정의

다양한 모습에 관해 깊이 이해할 수 있었고,

이처럼 어려운 감정을 다루는 방법을 배울 수 있었다.

그들의 통찰력과 용기, 혼란을 극복하고 성장하려는 강한 의지에

가슴 깊숙한 곳에서부터 감사를 전한다.

이 책이 불안과의 긴 싸움에서

한 줄기 희망이 되기를 바라며.

— 데이비드 A. 클라크

생각에 갇혀 인생을 허비하지 않는 법

미셸은 불안을 느끼는 날이 그렇지 않은 날보다 더 많았다. 어린 시절부터 불안은 그녀의 삶을 지배하는 감정이었다. 그녀는 예민한 아이였다. 늘 위험을 피해 다녔고, 가족들과 몇 안 되는 친구들에게서만 안전함과 안정감을 느꼈다. 어른이 되자 일과 가정에서 책임이 늘어나면서 미셸의 불안감은 커져만 갔다. 하루하루는 긴장의 연속이었고, 그녀의 마음은 늘 요동쳤다.

미셸은 생각을 멈출 수 없었다. 자신의 작은 행동과 미약한 결정이 만들어낼 문제들이 머릿속에 마구 떠올랐고, 결국 모든 일을 망쳐버릴 거란 생각이 그녀를 지배했다. 그녀는 온종일 불안감에 짓눌려 있었고, 가끔은 삶이 자신에게 너무 많은 것을 요구하는 것이 아닌가 하는 생각마저 들었다. 그녀는 쉽게 초조해지고, 답답함을 느끼며, 자주 짜증이 났다. 아주 작은 장애물에도 하루가 통째로 망가질 거란 생각에 사로잡혀 문제를 차분히 대할 수 없었다. 압도적인 불안은 기쁨의 기회를 앗아가고, 행복의 순간을 드물게 만들고 있었다.

지나의 불안은 매우 달랐다. 그녀는 미셸보다 자신감이 있었고 스스로가 인생에서 무엇을 원하는지를 알고 있었다. 지나에게는 의미 있는 일이 있었고, 사랑이 넘치는 가족과 친한 친구들이 있었다. 똑똑하고 결단력 있고 계획적인 사람인 지나는 자신의 감정적 안정과 삶의 목적을 제대로 통제할 능력이 있었다.

그러나 어느 토요일 오후에 이 모든 것이 한꺼번에 무너졌다. 지나는 붐비는 슈퍼마켓에서 장을 보던 중이었다. 평소라면 여유롭게 장을 봤겠지만, 그날은 발레 수업에 간 아홉 살짜리 딸아이를 픽업해야 했기에 서둘러야만 했다. 기민하게 장을 본 그녀는 눈치껏 가장 짧은 계산대 줄에 섰지만 그녀 바로 앞의 고객이 유난히 느릿하며 허둥대느라 시간이 지체되고 있었다. 그리고 찰나였다. 그 모습을 지켜보던 그녀는 몸에서 뜨거운 열기가 몰려오는 것을 느꼈고, 어지러움과 숨 가쁨, 가슴 통증과 떨림이 뒤따랐다.

그러곤 기절할 것 같은 기분이 들었다. 태어나 처음 느껴본 기분이었다. 다행히 근처에 의자를 발견해 몇 분 동안 앉아 진정시키려 노력했지만 어지러움이 쉽게 사그라들지는 않았다. 그녀가 극심한 두통을 안고 슈퍼마켓을 떠났을 때는 이미 딸아이를 픽업하기에 상당히 늦은 시간이었다. 한참 늦어버린 엄마에게 딸은 화가 나 있었고, 발레 강습소에 지각 벌금까지 물어야 했다.

더 큰 문제는 그 사건이 일어난 이후로 공황발작이 다시 생길까 하는 두려움에 사로잡힌 것이었다. 평소에 자신감 넘치던 지나는 자신에게 공황발작이 일어난 것에 무척 당황했고, 또다시 공황발작이 일어날까 봐 걱정이 생겼다. 그녀는 자신의 감정이 안정적이라는 믿음을 잃었고, 사람이 많은 곳이나 공공장소를 은근히 피하게 되었다. 살면서 처음으로 지나는 감정 조절 능력을 잃을 것 같은 두려움을 경험하고 있다.

외톨이 드웨인은 또래 사이에 있을 때조차도 불편함을 느꼈다. 조용하고 수줍음이 많은 드웨인은 초등학교 시절에도 친한 친구가 딱 한 명이었다. 그는 축구나 다른 학교 활동에는 그다지 관심이 없었지만 게임은 무진장 좋아했고, 방과후에는 자기 방에서 혼자 게임을 하면서 거의 모든 시간을 보냈다. 현재는 성공한 게임 개발자가 되었지만, 그는 여전히 사교 모임을 어색해한다. 사람들 사이에 있으면 자신이 눈에 띄는 존재인 것처럼 느껴지기 때문이다.

드웨인은 사람들과 어울리는 자리에 갈 때마다 모두가 자신을 보며 '저기 한심한 숙맥이 왔네?' 하고 비웃는 것 같은 기분이 들었다. 바싹 긴장하고 어색한 나머지 얼빠진 자기 자신이 느껴질 정도였다. 누가 말이라도 걸면 입이 마르고 혀가 뻣뻣해져서 목소리가 해괴망측하게 나오는 것 같았다. 그는 이런 상황을 참지 못하고 도망치듯 자리를 빠져나오기 일쑤였다.

이 모든 경험이 드웨인에게 너무나 고통스러워서 그는 가능한 한 사람들과의 교류를 피한다. 재택근무를 선택해 집에서 혼자 일하고, 평소에도 가족 외에는 거의 아무도 만나지 않는다. 그런데 최근 그가 가족 모임에서조차 긴장감을 느끼기 시작했다. 그의 세계는 점점 좁아지고 있으며, 그는 영원한 고독과 절망 속으로 천천히 걸어 들어가는 중이다.

▲ ▲ ▲

우리는 불안이 어떤 감정인지 잘 알고 있을까? 미셸과 지나, 드웨인과 똑같지는 않을지라도 누구에게나 불안했던 '경험'이 있을 것이다. 일상생활에서 긴장감이나 초조함을 느끼는 상황은 더 많다. 혼자 낯선 곳을 여행하거나, 취업을 위해 면접을 준비할 때, 중요한 사람을 처음 만나거나, 시험을 볼 때, 잘못된 일을 바로잡기 위해 누군가와 맞서야 할 때나, 군중 속에 갇힌 듯한 느낌을 받을 때 우리는 긴장과 불안을 느끼곤 한다.

불안은 누구나 흔히 경험하는 감정이기 때문에, 우리는 불안이 무엇인지 잘 알고 있다고 생각하기 쉽다. 하지만 정말 그럴까? 우리는 불안의 '본질'을 잘 알고 있는 것일까? 긴장과 초조함의 '원인'이 무엇이고, 불안이 왜 그렇게 끈질기고 고통스러운지 잘 알고 있을까?

경험과 지식은 다르다. 불안을 '경험'하긴 하지만, 그 감정을 일으키는 근본적인 과정을 이해하지 못하는 사람들이 대다수다. 나는 왜 불안할까? 나의 불안은 어디에서 오는 걸까? 어떻게 하면 불안을 스스로 다스릴 수 있을까? 이 책은 이런 질문을 가진 독자들을 위한 책이다. 나는 이 책에서 불안이 무엇인지를 구체적으로 살펴보고, 왜 불안이 생기는지, 우리가 쉽게 불안해지는 원인과 과정을 알아볼 것이다. 그리고 불안을 키우는 생각과 감정 회로를 바꾸어 불안을 잠재우는 전략을 제시할 것이다.

불안으로부터 멀어지는 여정에 함께하기 위해 이 책을 펼쳐 든 당신을 환영한다. 이 책을 덮을 때에는 적어도 내가 느끼는 불안이 어떤 얼굴을 하고 나타나는지, 또 그런 불안에 어떻게 대처해야 하는지 확실히 알게 될 것이다.

불안은 무엇이길래 이토록 괴로운가

먼저 우리가 불안을 정의하는 것으로 시작해보자. 불안이란 자신이나 소중한 사람에 대한 위협이나 위험이 닥칠 것이라고 예상하는 것을 뜻한다. 불안이란 감정에는 부인할 수 없는 두 가지 특징이 있다. 하나는 고통스러운 감정이 든다는 것이며, 다른 하나는 불안이 우리가 생각하고 느끼고 행동하는 방식과 같이 우리 존재 전체에 영향을 미친다는 것이다. 불안은 암에 대한 두려움과 같은 신체적 위협이나, 창피하거나 수치스러울 일에 대한 두려움과 같은 심리적 위협을 포함할 수도 있다. 불안을 특징짓는 생각, 감정, 신체 감각과 행동을 설명하는 아래의 그림을 살펴보자.

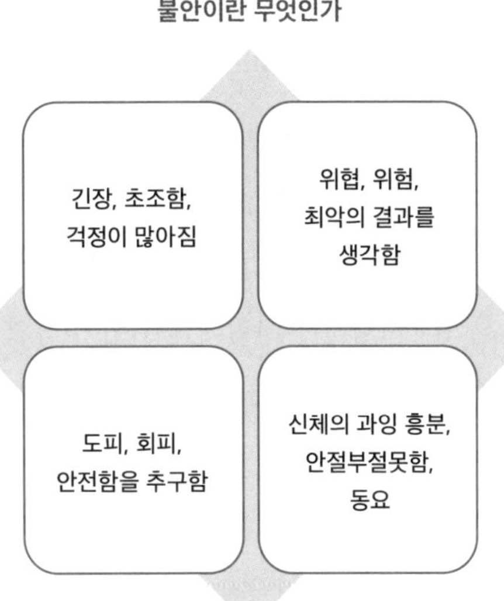

불안이란 무엇인가

당신의 하루가 꽤 순조롭게 흘러가고 있다고 가정해보자. 출근길도 막힘없이 원활했고, 출근 후에 동료들과 즐거운 대화를 나누었으며, 급한 업무도 어느 정도 처리한 상태다. 커피 한 모금을 하며 잠깐의 여유를 즐기려던 그때, 갑자기 상사로부터 이메일이 도착한다. 오늘 오후 3시, 당신이 고위 경영진 앞에서 하기로 한 프리젠테이션을 잘 준비하고 있느냐는 점검용 메일이었다. 그런데 오마이갓, 당신은 이 사실을 완전히 잊고 있었다. 당연히 프리젠테이션도 준비되어 있지 않았다. 당신의 기분이 즉시 바뀐다. 머릿속은 하얘지고, 긴장감, 스트레스, 초조함, 두려움이 갑자기 찾아오며, 답답함과 짜증이 느껴진다. 한순간에 마치 공황 상태에 빠진 것 같은 기분으로 바뀐다.

누구에게나 이런 경험이 한 번쯤은 있을 것이다. 전혀 유쾌하지 않은 경험 말이다. 그때를 떠올려보자. 우리는 불안이 우리의 사고방식을 변화시킨다는 사실을 분명히 알 수 있다. 우리는 불안할 때 우리의 신체적 안녕 또는 심리적 안녕이 위협받는다는 생각에 빠져든다. 자신이나 사랑하는 사람에게 위협이나 위험이 닥칠 것이라는 생각이 머릿속을 가득 채워 그 외에 어떤 것도 생각할 수 없게 된다.

18개월 된 아기를 처음 어린이집에 맡긴 젊은 엄마도 마찬가지였다. 그녀는 예전부터 이날이 두려웠다. 무슨 일인가 생길 것만 같았다. 어린이집에 아기를 맡기고 출근했지만, 전혀 일에 집중할 수 없었다. 머릿속이 아기 생각으로 가득 차 있기 때문이다.

'아이가 엄마를 찾아 자지러지게 울고 있는 건 아닐까?'

'어린이집 선생님들이 아이를 제대로 보고 있는 게 맞을까?'

'말도 못 뗀 아이를 어린이집에 맡기다니 나는 나쁜 엄마일까?'

나쁜 일이 일어날 거란 걱정에 휩싸인 젊은 엄마는 결국 아이가 잘 있는지 확인하기 위해 어린이집에 메시지를 보내기로 한다.

우리는 불안할 때 나쁜 일이 일어날 가능성과 심각성을 '과장'하는 경향이 있다. 예를 들어, 미셸은 시시각각 스스로 극복하기 힘든 문제와 어려움을 포착하는 경향이 있다. 지나는 사람이 많은 공공장소에서 공황장애를 일으킬까 봐 걱정한다. 드웨인은 다른 사람들 앞에서 당황하는 자신의 모습을 자주 상상한다. 셋이 느끼는 위협의 성격은 각기 다르지만, 불행한 일이 발생할 것 같고 그 결과가 심각할 것이라고 생각하는 경향은 동일하다. 이것이 바로 **불안을 유발하는 사고방식**이다.

불안을 강화하는 생각의 또 다른 특징은 불안의 원인이 되는 문제를 스스로 해결할 능력이 없다고 믿는 것이다. 한 고등학생은 시험 때 느껴지는 불안감을 견딜 수 없기 때문에 자신은 절대로 공부를 잘할 수 없다고 믿고 있었다. 50대 중반의 한 대기업 임원은 은퇴 후에 자신에게 닥칠 재정적 불안과 따분한 하루를 감당할 수 없을 것이라고 생각하여 불안감을 느꼈다. 또한 많은 젊은이들은 거절당할까 봐 불안해서 데이트를 꺼린다. 우리가 경험하는 모든 종류의 경험에는 위협과 스트레스가 어느 정도 수반된다. 하지만 불안감으로 인해 무력감을 느끼고, 어떤 어려움도 감당할 수 없다고 생각한다면 그 스트레스는 훨씬 더 심하게 느껴질 뿐이다.

그렇다면 우리는 이제 이런 질문을 던져볼 수 있다. **과연 '생각'은 '감정'에 어떤 영향을 미칠까?** 치과에 갈 때 느껴지는 두려움을 예로 들어보자. 치과에 가는 것을 즐거워하는 사람은 별로 없을 것이다. 대부분은 치과에 가는 것을 싫어하고 심지어 괴로워한다. 그렇다고 극심한 두려움 때문에 치과 치료 자체를 회피하는 사람은 극소수에 불과하다. 대다수는 약간의 불안감을 안고 병원으로 향한다. 불안하지만 치과에 가는 사람과 불안해서 치과에 가지 않는 사람. 그렇다면 무엇이 다른 결과를 만드는 걸까?

치과만 떠올려도 극심한 불안감을 느끼는 사람은 이렇게 생각한다. '너무 아파서 난 참을 수 없을 거야. 일단 치과 의자에 앉은 다음에는 아파서 죽을 것 같아도 당하고만 있어야 할걸. 마취 주사라니 생각만 해도 너무 싫어. 입안에 온갖 기구를 쑤셔 넣으면 숨도 못 쉬어서 질식할지도 몰라.' 그래서 그들은 견딜 수 없을 때까지 치통을 참고 견딘다.

그러나 대부분은 그렇게 생각하지 않는다. '잠시니까 아파도 참을 수 있어. 구강 위생이 나에게 중요하니까. 마취 주사를 맞을 때만 잠깐 찾으면 돼. 마취 후에는 아프지 않아. 불안하거나 숨이 차는 느낌이 들면 의사에게 멈춰달라고 하면 되지.' 이렇게 생각하면 불안감이 훨씬 잦아든다. 사고방식에 따라서 불안을 키울 수도, 잠재울 수도 있는 것이다.

이렇듯 생각이 감정에 영향을 끼친다면, 마지막으로 우리에게 주어지는 문제는 '우리가 불안할 때 어떻게 생각하고 행동해야 할까?'이다. 두려움을 느낄 때 나타나는 반응을 투쟁-도피 반응fight-or-flight response이라고 한다. 우리는 위험에 맞설 수도 있고(투쟁), 두려움의 원인에서 최대한 멀어지도록 도망치거나 피하거나 빠져나갈 수도 있다(도피). 투쟁-도피 반응은 우리가 인식하기도 전에 먼저 나타나는 자동적인 반응이며, 불안할 때면 가장 흔하게 나타나는 반응이 도망치거나 피하는 도피 반응이다.

위협을 감지하고 불안을 느낄 때 그 위협에서 도망치거나 피하는 것이 적어도 그 순간에 가장 빠르고 효과적으로 마음의 안정을 찾는 방법이 된다. 그러나 여기에는 문제가 따른다. 불안감을 유발하는 요인을 피할수록 불안감이 더 오래 지속된다는 것이다. 도피하거나 완전히 회피한다는 것은 위협이 생각만큼 심각하지 않다는 것을, 우리가 불안감을 견딜 수 있다는 것을, 상황에 효과적으로 대처할 수 있다는 사실을 결코 깨닫지 못한다는 것을 의미한다.

건강 불안증이 있는 사람늘은 '심각한 병이면 어쩌지?' 하는 두려움으로 인해 증상이 있어도 병원에 가기를 거부하기도 한다. 이런 경우, 병원에 가지 않으면 증상이 심각한지 아닌지 알 수 없기 때문에 불안은 더 오래 지속된다. 그리고 극복하기 힘들어 보여도 막상 불안을 마주하면 이겨낼 수 있다는 사실조차 깨닫지 못한다.

불안 발작이 일어날까 봐 두려워서 군중을 피하는 것은, 어쩌면 논리적인 해결책처럼 보일 수 있다. 그러나 이 방법은 시간이 지남에 따라 식당, 슈퍼마켓, 상점같이 더 많은 복잡한 장소를 피하게 만드는 경향을 만든다. 대처할 수 있다는 사실을 자신에게 알릴 기회를 주지 않는 것이다.

도피와 회피 외에도 불안감을 악화시키는 행동들이 있다. 술이나 약물 복용은 감정을 견디는 기술을 배우지 않은 상태에서 인위적으로 동요의 정도를 낮춤으로써 불안을 악화시킨다. 불안이 생겼을 때 "괜찮겠지?"라고 주변 사람들에게 확인받으려는 '재확인 추구' 행동(이 책의 7장에서 다룸) 또한 일시적인 안도감을 줄 수 있지만 그 안도감은 오래가지 않으며, 다시 돌아오는 불안은 전보다 강할 것이다.

불안을 잠재우는 열쇠

두려움과 불안이 몰려올 때 우리는 어떻게 반응할까. 우리는 다양한 방법으로 반응하지만 그중 효과가 거의 없는 방법도 있고, 불안만 키우는 최악의 방법으로도 반응하곤 한다. 예컨대, 불안할 때 몸에서 어떤 반응이 일어나는지 우리는 경험으로 대략 알고 있다. 그것은 평온함이나 이완과는 완전히 반대다. 자율신경계가 갑자기 활성화되면 몸이 과도하게 흥분된다. 심장박동수가 빠르게 올라가고, 가슴 통증이 느껴지거나, 숨이 가빠지고, 호흡 곤란이 올 수도 있다. 근육 긴장이 올라가고, 기운이 빠지거나, 몸이 휘청거리는 느낌, 혹은 어지러움이나 현기증이 느껴지기도 한다. 모두 불안의 징후다. 시야가 흐려지거나 메스꺼움을 느끼기도, 배탈이 난 것 같은 느낌이 들 수도 있다. 신체적 증상은 서로 다른 조합으로 나타날 수 있으며, 어떨 땐 더 거세고 무섭게 느껴질 수 있다.

이처럼 불안에 대한 반응으로 일어나는 신체적 증상은 종류와 강도 면에서 다양하지만 두 가지 공통점이 있다. 첫 번째는 인지된 위험에 대응하여 싸우거나 도피하기 위해 신체를 동원한다는 점이고, 두 번째는 그 증상이 매우 불편하다는 점이다. 불안이 고통스럽게 느껴지는 이유는 바로 이런 생리적 과민 반응 때문이다. 많은 사람들이 이런 신체적 증상을 견디기 힘들어한다. 이것이 불안감을 느낄 때 약물이나 술로 화학적 안정을 추구하는 사람들이 많은 이유다. 그들은 몸의 편안함을 찾고, 통제력을 완전히 상실한 느낌을 없애기 위한 방법을 찾으려 애를 쓴다.

불안이 생리적 각성을 동반하는 것이야 단순한 이치지만, 이 둘의 관계는 생각보다 훨씬 복잡하게 나타난다. 롤러코스터를 상상해보자. 롤러코스터를 좋아하는 사람도 있지만 무서워하는 사람도 있다. 최근에 여섯 살 손녀와 함께 롤러코스터를 탔는데, 손녀는 롤러코스터를 좋아하지만 나는 무섭고 걱정이 되었다. 하지만 손녀의 기대에 찬 눈빛을 보고 마지못해 롤러코스터를 타겠다고 했다. 여기서 나는 흥미로운 점을 하나 발견했다. 손녀와 나는 같은 신체적 경험을 했지만, 감정적 경험은 완전히 달랐던 것이다.

우리는 심장이 두근거리고, 근육이 긴장되었고, 호흡이 가쁘면서 얕아졌으며, 어지러움과 약간의 메스꺼움, 그리고 동공이 확장되는(눈이 동그래지는) 증상을 동일하게 경험했다. 하지만 이 동일한 신체적 증상은 매우 다르게 '해석'되었다. 손녀는 이 신체적 각성을 흥분, 즐거움, 기쁨의 신호로 받아들였으며, 이것은 아드레날린이 터지는 놀라운 경험이었다. 그러나 나에게 그와 같은 감각은 불안의 신호였고, 불편한 감정은 롤러코스터가 멈추고서야 가라앉았다.

이 서로 다른 감각은 우리에게 불안을 잠재우는 방법을 찾는 중요한 방향을 제시한다. 불안을 완화하려 할 때 신체적 증상 자체보다, 이 증상들에 대한 해석 방식이 훨씬 더 중요하다는 점이다. 특정한 신체적 증상을 참고 받아들일 수 있는 것으로 인식하는가? 아니면 너무 두려워서 가능한 한 빨리 증상을 없애고 싶은가? 불안은 단순한 감정 이상의 것이다. 불안의 작동 원리를 이해하고 불안의 기저에서 일어나는 과정을 다스리는 솔루션을 찾는 것이야말로 불안을 효과적으로 이겨내는 심리치료의 핵심인 것이다.

생각 습관이 불안을 이긴다

나는 불안의 치료법으로 인지행동치료Cognitive Behavior Therapy: CBT를 제시하고자 한다. 인지행동치료는 일상생활에서 일어나는 가장 시급한 문제에 초점을 맞춘 행동 기반의 대화 치료법이다. 인지행동치료는 **우리가 현재 상황을 어떻게 생각하고 이해하는지와 상황에 어떻게 반응하는지가 우리가 느끼는 감정을 결정한다**는 관점을 기반으로 한다. 자신과 직면한 문제에 대한 생각 습관을 바꾸고 그 문제에 대처하는 방식을 바꾸면 감정적 반응도 변화한다.

인지행동 치료자들은 불안의 원인이 되는 생각, 신념, 행동을 변화시키는 다양한 개입 방법을 개발해왔다. 우리는 이 책에서 그런 전략에 대해 알아볼 것이다. 아래의 그림은 불안에 대한 인지행동치료의 관점을 보여준다.

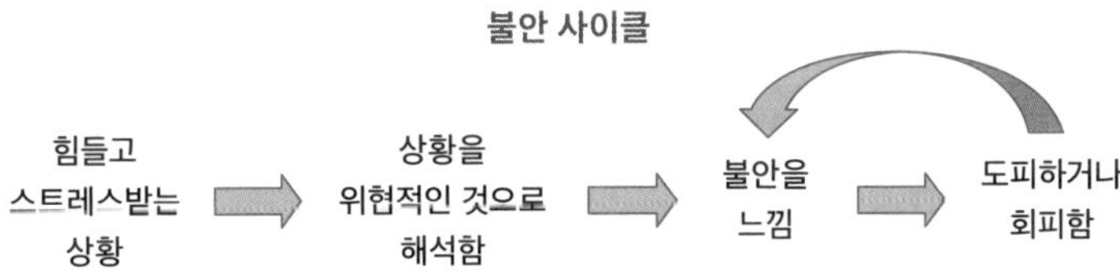

취업 준비생이 취업 면접을 앞둔 상황을 떠올려보자. 너무나 원하는 일자리임에도 불구하고 불안한 나머지 면접 약속을 취소하거나 노쇼no-show 해버린 사람이 있는가 반면에, 불안감을 느끼지

만 면접에 갔고 결국 취업 제안을 받게 되는 사람이 있다. 불안은 왜 첫 번째 사람에게는 파괴적인 영향을 미치고, 두 번째 사람에게는 그렇지 않았을까? 그 답은 그들이 취업 면접을 어떻게 해석하느냐에 달려 있다.

첫 번째 사람의 해석은 이랬다. '나는 이 면접을 망칠 것 같아. 머리가 하얘져서 한마디도 못하고 불안해서 벌벌 떨면 바보 취급이나 당할 거야. 절대 내가 뽑힐 리가 없어.' 면접에 대한 이런 사고방식은 불안감을 키우고 면접을 취소하는 결과로 이어졌다. 도피와 회피는 불안과 상호작용을 한다. 불안하면 곤란한 상황을 빠져나가고 싶지만, 도피와 회피는 불안을 더 악화시킨다.

반면에 두 번째 사람은 이렇게 생각한다. '좋아. 내가 지금 불안하다는 것을 알지만 누구나 면접을 앞두고 불안해하지. 예전에 내가 불안할 때도 여전히 할 일은 했어. 면접관들이 한두 번 해본 사람들도 아닐 텐데, 내가 긴장하는 것쯤이야 이해해주겠지 뭐. 게다가 나는 이 면접을 잘 준비해왔으니 불안한 티가 나더라도 내 능력이 자연스럽게 드러날 거야. 그래 봤자 최악의 경우는 면접에서 떨어지는 것 아니겠어?'

두 번째 사람의 사고방식이 첫 번째 사람보다 훨씬 건강하지 않은가? 인지행동치료는 사람들이 사고방식과 대처 방식을 바꾸어 불안에 효과적으로 대처하고, 중요한 삶의 목표와 가치를 달성하도록 돕는다.

△ △ △

　이 책은 이런 인지행동치료의 관점에서 다양한 유형의 불안과 걱정으로 괴로워하는 사람들을 위해 쓰였다. 생각에 갇혀 쉽게 불안해지며, 불안을 잠재우는 데 시간과 에너지를 쓰고 있다면, 이 책에서 제시하는 불안 치료의 방법이 분명 유용할 것이다. 이 책은 복잡한 훈련을 요구하지도 않고, 심리적 과정과 개념을 길고 자세하게 설명하지도 않는다. 그 대신에 내가 실제로 불안 치료를 해온 환자들의 특징을 종합한 12명의 인물들이 들려주는 이야기를 통해 쉽게 불안해지는 사람들이 생각 습관을 바꿈으로써 어떻게 불안을 잠재울 수 있는지를 소개한다. (내 환자들을 식별할 수 있는 특징은 그들의 사생활과 기밀 보호를 위해 수정되었으며, 그들에게 적용한 치료 방법도 교육 목적으로 재구성되었음을 밝힌다.)

　이렇게 이 책은 12개의 장으로 구성되었다. 각 장에서는 불안이나 걱정의 기본적인 특징을 설명하고, 불안의 특정 측면을 효과적으로 다루는 인지행동치료 고유의 개입 방법을 소개한다. 독자들은 내 환자들의 이야기를 읽고, 특정한 전략이 어떻게 불안을 완화했는지를 알아봄으로써 인지행동치료 접근법에 자연스럽게 다가가게 될 것이다. 다른 사람들이 불안을 극복해가는 이야기를 읽는 것만으로도 불안이 발생하는 구체적인 심리적 과정을 알 수 있으며, 자신의 불안을 잠재우는 방법으로 적용해볼 수 있으므로,

이 책이 불안 심리에 관한 기존의 자기계발서에 비해 더 흥미롭고 공감할 수 있는 책이 되리라 믿어 의심치 않는다.

이제 우리는 불안에 관한 배움의 장으로 떠날 것이다. 가장 먼저 불안한 일을 미리 걱정하는 것이 얼마나 심각한 영향을 미칠 수 있는지 살펴본다. 어떤 일을 해야 한다고 생각하기만 해도 두려워지는 경험을 해본 적이 있다면, 1장의 이야기에 귀 기울여 보자.

1장

미리 걱정하느라
지치지 않는 연습

예기 불안을 일으키는 생각 길들이기

예기 불안

Anticipatory anxiety

두려움, 불안, 공포를 일으킬 것으로 예상되는

미래의 경험이나 상황, 환경에 대해 생각할 때 일어나는

염려, 걱정 또는 공포의 감정

가기 싫은 곳에 억지로 가야 할 때 사람들은 어떤 기분이 들까? 정말 하기 싫은 일을 해야 한다는 생각에 덜컥 겁이 났던 적이 있는가? 그 일을 해야 하는 순간이 다가오고 있다는 생각만으로도 얼마나 불안했는지 떠올려보자. 중요한 프리젠테이션을 앞두고 있거나, 중요한 사람을 처음 만나거나, 면접을 보거나, 낯선 사람들로 가득 찬 파티에 가거나, 안전하지 않은 다른 나라를 혼자 여행한 일일 수도 있다.

특정한 일에 대한 두려움이 있다면 그 일을 생각하는 것만으로도 괴롭다. 비행기 타는 것을 유독 두려워하는 사람이라면 비행기를 타기 몇 주 전부터 불안과 걱정에 휩싸일 수 있다. 건강 염려증이 있는 사람이라면 병원 검사 결과를 기다리는 내내 매우 예민해진다.

이처럼 두렵거나 괴로운 상황에 맞서기 전에 경험하는 불안을 '예기 불안^{anticipatory anxiety}'이라고 부른다. 이 예기 불안은 불안 사이클의 중요한 시작점으로 작용한다.

예컨대, 당신이 파티 행사에 가야 하는데 심지어 낯선 사람들을 만나 좋은 인상을 남겨야 하는 상황이다. 그 행사에서 과연 얼마나 초조할까 걱정하기 시작한다면, 그 행사를 떠올릴 때마다 불안감이 더 심해질 것이다. 그러다 불안이 극도로 강렬해지면 행사에 가야 한다는 의무 자체를 저버릴 수 있다. 예기 불안으로 시작된 불안 사이클은 삶을 제약하고 삶의 질을 떨어뜨리는 중요한 원인이 된다.

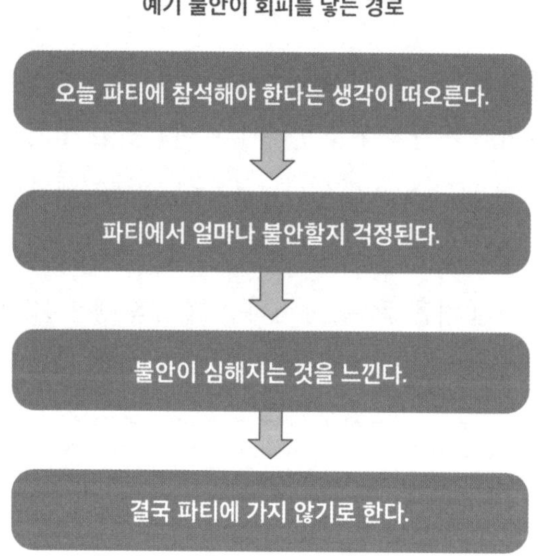

내가 상담실에서 만난 많은 사람들은 예상되는 불안이 실제로 그 일을 겪을 때 느끼는 불안보다 훨씬 더 컸다고 말하곤 했다. 즉,

어떤 일을 실제로 하는 것보다 '그 일을 생각할 때' 더 큰 고통을 느꼈다는 것이다. 제시카도 이와 같은 경험을 했다. 심각한 예기 불안이 있었던 그녀는 무언가를 시작하기도 전에 '실패한 기분'을 느끼곤 했다.

홀로서기가 두려운 제시카의 이야기

제시카에게 불안이 큰 문제로 떠오른 것은 대학 입학을 앞둔 시기였다. 처음으로 집을 떠나 산다는 것은 누구에게나 어려운 경험이겠지만, 본래 수줍음이 많고 내향적이었던 제시카에게는 특히 어려운 일이었다.

그녀의 불안은 먼 도시에 있는 명문 미술대학에서 입학 허가서를 받는 순간부터 시작되었다. 집을 떠나야 한다고 생각한 순간, 불안이 일어나기 시작한 것이다. 그녀는 입학 허가서 내용을 부모님에게 읽어드리면서 급성 불안 발작을 경험하기 시작했다. 입학까지 아직 몇 달이나 남은 상황이었다. 그녀의 심장은 몹시 빨리 뛰었고, 손이 떨리며, 입이 마르고, 어지럽고 현기증이 났다. 공기가 부족한 것처럼 숨이 가빠졌다. 그녀는 입학 허가서를 끝까지 읽으려고 애를 썼지만, 목소리가 거의 들리지 않을 정도로 작아지고 있었다.

제시카는 잠시 잠깐 현실감이 없어지면서 이 순간이 어쩐지 진짜가 아닌 것 같은 이상한 느낌을 받았다. 물론 꿈이 아니라는 것을 알고 있었다. 그녀는 입학 허가서를 읽고 있었다. 그녀는 꿈에 그리던 대학에 합격했고, 장학금까지 받았으며, 그러므로 이 제안을 거절할 수 없는 상황이었다. 만약 제시카가 이 일생일대의 기회를 걷어찬다면 사람들은 '제정신이 아니군'이라고 생각할 게 분명했다. 그러나 제시카의 머릿속을 스쳐 간 생각은 이랬다. '소원을 신중히 빌어야 했어. 난 절대 할 수 없어. 혼자 떠난다니 너무 무서워.'

제시카는 강렬한 예기 불안을 5개월째 겪고 있었다. 거의 매시간 그녀는 대학 생활이 어떨지만 생각했다. 떠날 날이 다가오면서 불안감은 더욱 커졌다. 대학 생활을 떠올릴 때마다 끔찍한 일만 상상되었다. 그녀는 모르는 학생들과 함께 생활하고 교류해야 하는 상황에서 매일 극심한 불안을 겪을 것이라고 확신했다. 첫 주부터 극심한 향수병에 걸릴 거란 생각도 했다. 모르는 사람들을 만나는 오리엔테이션 주간에 참여해야 하는 것도 악몽처럼 느껴졌다. 항상 홀로 시간을 보내는 이상한 아이로 알려져서 다른 학생들이 수군거릴 것 같았다. 대학 생활의 첫 주를 상상할 때 위협과 실패와 불행만을 떠올리는 제시카의 성향은 그녀의 예기 불안을 더욱 악화시켰다.

제시카는 지금껏 자신을 정서적으로 유약한 사람이라고 생각했다. 그녀는 불안을 견디기 힘들어하고 쉽게 겁을 먹었기 때문에 새로운 일이나 예측할 수 없는 일은 되도록 피하려고 노력했다. 수백만 명의 젊은이들이 학업을 위해 집을 떠나며, 대학에 적응하고 심지어 잘 지낸다는 것을, 제시카도 머리로는 알고 있었다. 하지만 자신의 경우는 그렇지 않다고 철썩같이 믿었다. 그녀는 아마 자신이 수업에서도 기숙사에서도 민망한 모습을 보일 뿐만 아니라 불안과 불면증으로 지쳐 나가떨어져 감기나 독감, 혹은 전염병에 걸릴지도 모른다고 생각했다. '내가 이 모든 걸 어떻게 견딜 수 있을까? 내겐 너무 벅찬 일이야.'

결국 제시카는 대학을 위해 집을 떠날지, 아니면 집에 머물며 인근의 전문대학에 다닐지 고민에 빠졌다. 진로의 관점에서 볼 때 합격한 학교에 가는 것이 더 나은 선택임이 분명했다. 하지만 그녀는 집에 머물러야 하는 다양한 이유를 만들어내고 있었고, 동시에 그 결정을 평생 후회하리라는 것도 알고 있었다. 결국 이런 내적 갈등은 예기 불안을 더욱 악화시킬 뿐이었다.

그러다가 집을 떠난 첫 달을 견딜 방법과 계획을 세우며 다소 적극석인 전략도 시도했다. 부모님과 대책 모의도 해봤다. 하지만 납득할 만한 방법이 딱히 떠오르진 않았다. 제시카는 자신이 인생에서 가장 괴로운 시기를 보내리라고 생각했고, 아무리 솔루션을 찾아봐도 불안을 완전히 잠재우기는 힘들었다.

새로운 일을 시작하거나, 누군가를 사귀거나, 아이를 갖거나,

은퇴를 결정하거나, 새로운 동네로 이사를 가는 것과 같이 삶의 큰 변화가 생길 때, 당신도 강렬한 예기 불안을 경험한 적이 있을 것이다. 아니면 일상에서 매일 예기 불안을 겪는 사람도 있을 것이다. 붐비는 곳이나 공공장소에 있을 때, 낯선 길을 운전할 때, 약속에 가야 할 때, 가족이나 친구와의 갈등을 해결하려고 노력할 때처럼 일상 곳곳에서도 예기 불안이 찾아온다.

하지만 문제가 크든 작든 예기 불안은 그저 '예상(기대)'일 뿐이다. 제시카의 불안에서도 볼 수 있듯이, 그녀의 생각 습관이 예기 불안을 일으키고 있었다. 만일 예상되는 상황에 대해 더욱 현실적으로 생각하는 방법을 발견하고, 예기 불안이 닥쳤을 때 효과적인 대처 기술을 연습할 수 있다면?

해로운 예상에 제동을 거는 법

나와 상담을 지속하면서 제시카는 대학 입학 몇 달 전부터 느꼈던 **예기 불안이 모두 '머릿속에서 만들어낸 것'**이라는 점을 깨달았다. 대학 생활의 첫 몇 주를 상상한 방식 때문에 실제 경험도 하기 전에 불안감을 느끼게 되었다는 것도 알게 되었다. 그러나 정확히 불안의 원인이 무엇인지 알려고 할 때마다 불안한 상상이 또 다른 불안한 상상을 낳으며 생각이 꼬리에 꼬리를 물 뿐이었다.

심각한 예기 불안을 가라앉히기 위해 제시카는 가장 두려운 점이 정확히 무엇인지 파악하는 작업을 시작했다. 신입생으로 겪게 될 모든 어려움을 고려한 후, 제시카는 자신의 예기 불안이 주로 '친구를 어떻게 사귀어야 할지 모르겠다'와 '불안이 감당할 수 없을 정도로 심해지면 어떡하지?'라는 두 가지 두려움에 집중되어 있다는 것을 깨달았다. 이후 그녀의 모든 노력은 이 두 가지 핵심 문제에 초점을 맞춰야 했다.

두려움을 기술하기

나는 제시카가 예기 불안을 겪으면서 생각했던 '최악의 시나리오'를 구체적으로 파악할 필요가 있다고 느꼈다. 제시카는 정확히 무엇을 두려워하고 있으며 그 이유는 무엇인가? 그녀는 친구를 사귀는 것에 대한 두려움에 관해 다음과 같이 썼다.

모든 사람이 날 무시할 거야. 내가 방에 들어가면 다른 여자애들은 날 힐끗거리며 자기들끼리 수근대겠지. 나는 혼자 앉아 말할 상대노 없이 불편한 기분을 느낀 채로 우두커니 있어야 할 거야. 대화에 끼려고 하면 나는 바보 같은 말을 하겠지. 목소리는 희미하게 떨릴 거고. 모두가 내 불안을 알아채고 '쟤는 뭐가 문제지?'라고 생각할 거야. 너무 창피해. 나는 절망한 채 내 방으로 슬그머니 들어가 어쩔 줄 몰라 할 거야. 그러다가 참을 새도 없이 울음이 터지겠지. 하지만 방 안에서조차 룸메이트 때문에 편하게 울 수가 없어. 마음껏 울려면 캠퍼스의 외딴곳까지 도망쳐야 할지도 몰라.

최악의 시나리오를 상상하기

또한 불안감이 더 심해졌을 때 펼쳐질 수 있는 최악의 시나리오도 작성해봤다.

깨어 있는 모든 순간이 불안하겠지. 내가 무슨 짓을 하더라도 불안은 거머리처럼 날 따라다닐 거야. 다른 학생들이 있으면 있는 대로, 없으면 없는 대로 불안할 거야. 미술 과목에는 조별 작업이 많으니까 더더욱. 캠퍼스 밖으로 도망치는 것 말고는 방법이 없어. 그러다 공황발작이라도 일어난다면? 정말 두려워. 다음 날이 걱정돼서 잠도 못 잘 거야. 그러다 지쳐서 신경쇠약이라도 걸려버리면…. 내 상태론 이런 긴장을 결코 견딜 수 없어. 결국 첫 달을 채우기도 전에 학교를 그만두게 되지 않을까?

최고의 시나리오를 상상하기

최악의 시나리오를 작성한 후 다음 단계는 두 부분으로 나뉘었다. 먼저는 제시카가 상상할 수 있는 최고의 시나리오를 떠올려본 것이다.

내가 대학에 도착하자 놀랍게도 모든 것이 환상적이었어. 모두가 친절하고 나를 반갑게 맞이해주었지. 신입생들마다 자기네 그룹에 들어오라고 제안했고, 정말 많은 파티에 나를 초대했어. 룸메이트는 나처럼 조용하고 성실한 학생이어서 우린 마치 오랜 친구처럼 금방 친해졌지. 첫 주에 약간 긴장되긴 했지만, 그 후로는 대체로 편안하게 지내고 있어. 대학 생활이 이렇게 멋질 줄이야. 난 정말 운이 좋은 사람이야.

제시카는 이 최고의 시나리오가 순수한 환상일 거라고 생각했다. 하지만 역설적으로 이전에 상상한 최악의 시나리오가 현실성이 없다고 믿는 것에는 어려움을 느꼈다. 독자들은 눈치챘겠지만, **우리가 처하게 될 상황은 대체로 최악과 최선 사이 어딘가에 위치하기 마련이다.**

현실적인 시나리오를 떠올리기

이제 제시카는 최악의 결과와 최선의 결과 사이의 현실적인 시나리오에 내해 생각할 때였다.

처음 몇 주는 꽤 힘들겠지. 모든 것이 낯설게 느껴지고 다른 학생들과 대화를 시작하는 데 어려움을 겪을 거야. 불안감이 클 테고 공황발작도 한두 번 경험할지도 몰라. 좋은 날보다 나쁜 날이 더 많을 것이 분명해. 하지만 불안감이 들쭉날쭉하다가 시간이 지나면서 점차 약해질 거야. 수백 명의 신입생 중에는 나처럼 조용하고 수줍은 사람도 많을 테니까 그런 친구를 한두 명은 사귈 수 있을 거야. 우리는 서로 마음을 나눌 수 있겠지. 시끄럽고 자신감 넘치는 파티광들과 친구가 될 필요는 없어. 나는 있는 그대로의 내 모습을 받아들이고, 점차 내 모습을 편안하게 받아들이는 법을 배울 거야.

최악에서 벗어나 현실적인 시나리오에 집중하기

이제 다 쓴 시나리오를 검토할 단계다. 최악의 시나리오가 발생하기 어려운 이유나 근거를 나열해보고, 또 현실적인 시나리오가 실현될 가능성이 높은 이유나 근거를 나열해보는 것이다. 제시카는 예기 불안이 밀려올 때마다 이 마지막 단계를 반복하면서 최악의 시나리오보다 현실적인 결과에 집중하는 연습을 했다. 일어나기 쉽지 않은 '재앙'에 가까운 결과를 계속 생각한다면 불안감만 더욱 커진다. 이제 그녀는 의식적으로 반추의 패턴에서 벗어나 더 현실적인 결과로 관심을 돌릴 수 있으며, 다음 단계를 실천하면서 점차 예기 불안을 진정시킬 수 있을 것이다.

미래가 아닌 현재로 관점을 바꾸는 기술

제시카는 인지행동치료의 첫 단계를 성실히 따랐다. 하지만 현실적인 대학 생활을 생각하는 것만으로는 높은 수준의 예기 불안을 막기에 충분하지 않았다. 보통 수준의 불안에 대처할 계획도, 심각한 수준의 불안에 대처할 계획도 모두 세워야 했다. 앞선 연습에서 상상한 '현실적인 시나리오'를 실현할 방법이 필요했다.

제시카의 대처 계획은 그녀의 예기 불안에 대해 앞서 파악한 두 가지 핵심적 측면에 초점을 맞췄다. 대학에서 경험할 높은 수준의 불안을 어떻게 관리할 것인가, 그리고 사회적 위축에 어떻게 대처할 것인가. 대처 계획에는 다음의 단계들이 포함되었다.

- 1단계: 불안한 생각을 있는 그대로 관찰하는 법을 배운다. 판단하거나 억제하려고 애쓴다면 불안함이 가중될 수 있다.
- 2단계: 일어날 일을 더욱 현실적으로 예측함으로써 나쁜 결과를 상상하는 사고방식에 맞서는 법을 배운다.
- 3단계: 불안의 신체 증상에 대처하기 위해 호흡 조절에 집중한다.
- 4단계: 불안감을 감지했을 때 명상 등을 통해 마음을 진정시키는 방법을 활용한다.

새로운 사람을 만나고 또래 친구를 사귀는 데 대한 불안에 대처하기 위해 제시카는 다음과 같이 대인관계 기술을 익혔다.

- 스몰 토크로 일상적인 대화를 시작하고 유지하는 방법을 연습한다.
- 소셜미디어를 활용해 스스로의 포지션을 개선할 방법을 찾아본다.
- 적극성을 높이는 법을 배운다.
- 언어뿐 아니라 비언어 소통 기술을 향상하는 기법을 연습한다.

제시카가 예기 불안을 느꼈을 때 그녀는 대학 생활 첫 몇 주 동안 자신이 얼마나 불안함을 느낄지에 집중했다. 하지만 초점을 불안감에서 대처 계획으로 옮기면서 예기 불안은 점차 줄어들었다. 그녀에게는 입학 전 필요한 기술들을 연습할 시간이 충분히 있었다. 불안에 대처하는 연습은 불안을 관리할 기술을 강화하고, 제시카의 자신감도 높여주었다.

불안을 있는 그대로 바라보는 연습

불안은 감정이며 모든 감정과 마찬가지로 순간순간 변할 수 있는 일종의 기분이다. 종종 불안과 같은 감정을 통제하려는 시도는 상황을 개선하기보다 악화시킬 수 있다. 그 대신 불안의 파도를 타는 것, 즉 감정이 스스로 오르내리도록 허용하는 것이 흐름을 거슬러 헤엄치려는 것보다 훨씬 낫다.

제시카는 대학 생활에 대해 생각하며 불안해질 때마다 감정의 파도타기 전략을 사용할 수 있다. 불안과 씨름하고 제거하려 노력하는 대신 불안을 느끼고 있다는 것을 받아들이며 불안이 자연스럽게 알아서 잠잠해지도록 둘 수 있다. 이를 위해 다음과 같은 '자기 대화'도 도움이 될 것이다.

대학 생활에 대해 다시 불안해지기 시작한다는 걸 알아차렸어. 신학기를 상상하면 불안해지는 건 **완전히 자연스러운 거야.** 이렇게 중요하고 잘 모르는 일을 앞두고 누가 불안하지 않겠어? 내 마음이 감당하기 어려운 불안, 외로움, 당혹감에 대한 과장된 생각에 휩쓸리고 있다는 것을 알아. 이런 생각과 싸우는 것은 불가능해. 이건 내 상상일뿐, 나는 아직 대학에 가지 않았으니까. 그 대신에 나는 **한 걸음물러나** 내게 떠오른 생각들이 하늘 위 구름처럼 떠다니는 것을 그냥 지켜볼 거야. 그 생각들을 충분히 지켜봤다고 느낄 때까지 10~20분 정도 앉아서 바라보기만 해야지. 그러고 나서 일어나 내 하루를 계속 보낼 거야. 내가 영향을 미칠 수 있는 건 현재뿐이니까. 머릿속 대학 생활은 상상일 뿐이고, 미래는 지금 내 상상과 달라.

우리는 제시카가 이제 자신의 감정을 인정하고 있음을 알 수 있다('완전히 자연스러운 거야', '이렇게 큰일을 앞두면 누구나 불안할 수 있어', '내 마음이 휩쓸리고 있다는 것을 알아.'). 그녀는 자신의 감정을 두려워하거나 억지로 없애려고 애쓰지 않는다. 또한 현재 할 수 없는 일에 대해 생각하고 두려워하기보다는 자신이 이제 무엇을 해야 할지 파악하고 있다('한 걸음 물러나 생각들이 떠다니는 것을 그냥 지켜볼 거야.'). 그리고 정해진 시간이 지나면 고민 대신 다른 일을 하기로 결심함으로써 미래에 대해 불안한 생각에 할애할 시간을 제한한다. 이런 방식으로 제시카는 불안의 영향을 제한하고 현재에 집중하는 법을 배우고 있다.

불안의 싹을 자르는 법

예기 불안은 불안 사이클의 가장 첫 단계이다. 예기 불안은 우리를 강렬한 불안으로 이끌어 두려움에 맞서기보다는 회피하는 것이 낫다는 결정을 내리도록 만들곤 한다. 견딜 수 없는 불안을 상상하고 이를 피하기로 결정하지만, 이는 더욱 잦고 강렬한 불안에 빠지는 악순환을 낳으며, 일상생활을 살아가는 능력을 빼앗고, 삶의 만족도를 끌어내린다. 그래서 불안의 '싹을 자르는 것'이 중요하다. 예기 불안을 진정시키는 전략을 연습한다면 우리는 여러 문제를 일으키는 불안의 가장 초기 원인을 다룰 수 있다.

이 장에서 소개한 세 가지 전략은 예기 불안에서 벗어나는 데 도움을 주도록 설계되었다. **현실적인 사고 전략**은 예기 불안의 근본 원인인 최악을 상상하고 회피만이 유일한 선택이라고 확신하는 태도를 겨냥한다. 우리 스스로 알게 되겠지만 최악(또는 최선)의 상황은 거의 일어나지 않고 현실은 이 두 극단 사이의 어딘가에 있다. 사람들 대부분은 어느 정도의 위험을 감당할 수 있다고 믿지만, 극단적인 위험이나 위협을 상상한다면 미래가 더욱 버겁게 느껴질 것이다. 더 균형 잡히고 현실적인 상황이 일어날 가능성이 높다고 생각하는 것만으로도 예기 불안은 줄어든다.

다음으로, 우리가 감정에 지나치게 집중할 때 예기 불안은 더 악화된다. 우리는 '이 불안을 견딜 수 없어', '나 자신을 통제해야 해', '이건 나를 한계로 몰아갈 거야'라고 생각하게 된다. 그럴 때 이런 감정 중심에서 벗어나 **문제 중심으로 시각을 전환**해야 한다. 관점을 바꾼다면 '앞으로 힘든 상황에 대비하기 위해 지금 당장 무엇을 할 수 있을까?'라든지 '두려운 일이 생기길 미래를 기다리기보다 오늘부터 불안 내성을 키워봐야지'라고 생각할 수 있다.

미래에 대해 생각할 때마다 불안함을 느끼는 편이라면 오늘부터 **불안을 수용한다는 마음가짐**을 연습해보자. 18세에 집을 떠나 대학에 가는 것은 인생의 중대한 사건이지만 제시카는 미래에 대한 사고방식을 바꾸고, 현재에 초점을 맞추며, 미래에 대한 불편한 느낌을 인생의 도전을 앞두고 자연스럽게 나타나는 수용 가능한 반응으로 재해석함으로써 예기 불안에 제동을 걸 수 있다. 당신도 그녀가 사용한 것과 같은 전략을 사용하여 예기 불안에 정면으로 대처할 수 있다.

불안을 이기는 나의 무기는 무엇인가?

1. 현실적인 시나리오 작성법

내가 두려워하는 것은 정확히 무엇인가. 그것을 두려워하는 이유는 무엇인가.
내가 두려워하는 것으로 인해 발생할 최악의 시나리오를 구체적으로 적어
보자.

다음으로 내가 상상할 수 있는 최선의 결과를 떠올리고 구체적으로 적
어보자.

이제 최악의 결과와 최선의 결과 사이 어딘가에 있을 현실적인 결과에 대해 깊이 생각해보자.

현실적인 생각의 마지막 단계는 최악의 시나리오가 일어날 가능성이 낮은 이유나 증거를 나열한 다음, 현실적인 결과가 일어날 가능성이 높은 이유나 증거를 나열해보는 것이다.

예기 불안이 쌓이는 게 느껴질 때마다 최악의 결과가 아니라 현실적인 결과에 집중할 수 있도록 이 마지막 단계를 반복해 실행해본다.

2. 불안에 대처하는 나의 무기는 무엇인가

현실적인 시나리오에 대해 생각하는 것만으로는 높은 예기 불안을 막기에 충분하지 않을 수 있다. 그러므로 높은 예기 불안에 대처하기 **위한 계획을 세워야 한다.** 이 대처 계획은 현실적인 시나리오를 실제로 실행하는 연습이다. **불안을 관리하고 현실적인 시나리오를 달성하기 위해 취할 수 있는 나의 무기를 떠올려보자.** 호흡이나 명상, 마음챙김같이 불안을 진정시킬 수 있는 나만의 무기는 무엇인가.

3. 통제하지 말고 바라보는 연습

불안은 감정이며, 모든 감정과 마찬가지로 순간순간 변할 수 있다. 감정을 통제하려고 노력하는 것은 상황을 개선하기보다는 악화시킬 수 있다. 불안의 파도를 타는 것, 즉 감정이 스스로 오르내리도록 허용하는 것이 조류에 맞서 헤엄치는 것보다 훨씬 나을 때가 많다. 불안과 씨름하고 불안을 제거하려고 노력하는 대신, 불안함을 느끼고 있음을 받아들이고 불안이 자연스럽게 스스로 사라지도록 내버려두기 위해 **불안이 일어났을 때 스스로에게 해주고 싶은 말을 준비해보자.**

2장

불안은
불안을 낳는다

불안 민감성에 대처하는 우리의 자세

불안 민감성
High anxiety sensitivity

불안 증상이 심각한 신체, 사회, 심리 결과를

초래할 것이라는 믿음 때문에 불안해진 감정을

견디지 못하거나 심지어 두려워하는 성향

▲ ▲ ▲

불안할까 봐 불안한 적이 있는가? 우리 인간은 세상 그 어떤 것에도 두려움을 느낄 수 있다. 동물이나 곤충에 대한 공포, 높은 장소나 물에 대한 공포, 또 피를 보거나 주사를 맞는 것에 극심한 공포를 느끼기도 하고, 엘리베이터나 비행기처럼 밀폐된 장소에서 폐소공포를 느끼기도 한다. 심지어 놀이공원의 캐릭터 분장을 한 사람에 대해서 공포를 느끼기도 한다. 그렇다면 불안에 대한 두려움은 어떨까? 우리가 느끼는 어떤 감정에 대해서도 두려움을 가질 수 있을까?

그렇다. 우리는 불안이라는 감정에도 두려움을 가진다. 이를 불안 민감성anxiety sensitivity이라고 부른다. 불안을 '마음이 편하지 않고 조마조마한 상태'로 정의하든, '원치 않는 생각이나 감성을 가질 때 생기는 불쾌한 감정'이라고 정의 내리든, 불안은 아마도 인간이 가장 싫어하는 심리 상태일 것이다. 그래서 불안 민감성이 높은 사람들은 불안한 심리 상태에 놓일까 봐 두려워한다.

이런 불안 민감성은 세 가지 핵심 요소로 구성된다. 불안의 징후에 대한 과민 반응, 불안의 신체 증상을 견디지 못하는 것, 그리고 불안이 해롭다는 믿음이다.

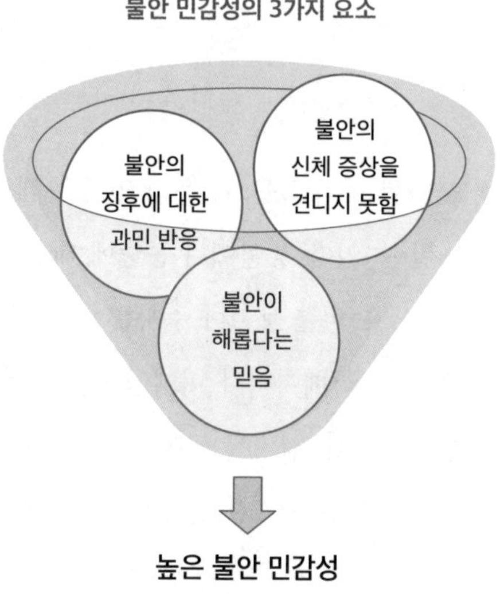

불안 민감성이 높은 사람들이 가장 두려워하는 것은 주로 **불안의 신체 증상**들이다. 이들은 신체적 각성이 예상되는 운동을 피하기도 한다. 숨이 가빠지거나, 땀이 나거나, 심장이 빨리 뛰는 것을 좋아하지 않기 때문이다. 물론 뚜렷한 이유 없이 갑자기 나타나는 신체 각성을 특히 무서워한다.

높은 민감성과 신체 각성의 두려움 때문에 불안 민감성이 높은 사람은 **불안의 징후를 계속 주시**하게 된다. 불안을 유발할 수 있는 모든 감정, 증상, 상황에 대해 과도하게 경계하는 것이다. 그런 사람은 불안할 가능성을 조금이라도 감지하면 회피 행동을 취한다. 이는 불안 민감성의 세 번째 요소인 **불안이 건강에 해롭다는 믿음** 때문이다.

불안에 민감한 사람이라면 덜 민감한 사람보다 불안한 경험을 더 강렬하게 겪을까? 불안에 과잉 반응한다는 것을 알고 있지만, 어떻게 상황을 바로잡아야 할지 모르겠는 사람도 있을 것이다. 이번 장에서는 불안 민감증을 겪고 있는 샨드라의 이야기를 들어보자. 높은 불안 민감성은 감정을 불안정하게 만들 뿐만 아니라 인생의 많은 도전에 대처할 능력을 떨어뜨린다.

불안해질까 봐 불안한 샨드라의 이야기

마흔일곱 살 생일을 맞기 전까지 샨드라는 모든 것을 갖춘 것처럼 보였다. 그녀에게는 사랑하는 가족과 다정하고 이해심 많은 남편이 있었다. 샨드라는 건강했고, 친구들도 적지 않았으며, 재정적으로도 안정되어 있었다. 대학을 졸업한 후 대형 금융기관에서 일해온 그녀는 이제 고위 경영자가 되어 있었다. 샨드라는 성공에 필요한 모든 자질을 갖추고 있었다. 그녀는 똑똑하고, 근면하며, 야심 차고, 사교적이었다.

하지만 샨드라는 감정이 풍부한 사람이었다. 성취에 대한 자기 압박 때문에 그녀의 하루는 스트레스로 가득 차 있었다. 그녀의 강한 추진력은 강렬한 감정을 경험하는 성향과 긴밀한 관련이 있었다. 그녀를 보고 꽤 신경질적이라고 말하는 사람들도 있을 것이다. 샨드라는 감정 기복이 심했다. 행복할 때는 지나치게 들떴고, 슬프거나 우울할 때는 기분이 바닥까지 가라앉았다. 작은 시련에도 눈물을 흘렸다. 그래서 샨드라가 불안하거나 두려움을 느낄 때도 그녀가 느끼는 감정이 매우 강렬한 것은 놀라운 일이 아니었다.

생일이 지난 지 얼마 되지 않아 샨드라는 심한 편두통을 앓기 시작했다. 그녀는 평소에 건강을 매우 중시했고, 식단을 철저히 관리하고, 규칙적으로 운동을 했다. 편두통이 생기자 그녀는 상당한 불안을 느꼈다. 여러 치료법을 써봤지만 효과를 보지 못했고, 편두통이 갈수록 심해져 업무나 일상생활에도 지장을 주었다. 그녀는 건강에 대한 생각에 온통 사로잡혔고 불안해지기 시작했다.

그러던 어느 날 아침 산책을 하던 중 샨드라는 공황발작을 경험했다. 갑자기 전기가 흐르는 것처럼 뜨거운 열기가 온몸을 관통했고, 동시에 힘이 빠지면서 균형을 잃었다. 어지럽고 현기증이 나서 곧 기절할 것 같은 기분이 든 샨드라는 비틀거리며 가까운 벤치로 가 앉았다. 무슨 일이 일어나고 있는지 알 수 없었다. '두통 때문에 발작이 일어났을까? 혈관이 막힌 건 아닐까? 뇌출혈? 심근

경색? 더 심각한 일이 생긴 걸까?'

그녀는 집에서 몇 킬로미터 떨어진 거리에 혼자 있었다. 갑자기 죽을지도 모른다는 생각에 울음이 터져 나왔다. 영원처럼 느껴진 15분이 지났을 때 샨드라는 119에 전화를 걸어야겠다는 생각이 들었다. 곧 구급대원들이 그녀를 병원으로 이송했다. 반나절에 걸친 검사와 상담 끝에 샨드라는 자신이 겪은 것이 공황발작이라는 설명을 들었다.

그로부터 9개월이 지난 후였지만 샨드라는 두려웠다. '또 발작이 일어나면 어쩌지?' 그녀는 불안이 예상할 수 없이 심각한 감정 상태로, 심지어 공황 상태로 발전할 수 있다고 믿고 있었다. 그럴수록 그녀는 자신의 감정과 신체 상태에 극심한 주의를 기울였다. 아침에 일어나면 '불안 때문에 오늘 하루를 망치게 될까? 오늘은 불안해지지 않으면 좋겠는데'라는 생각이 먼저 들었다.

눈을 뜨자마자 그녀는 자신의 감정을 점검하기 시작했다. 긴장감, 불안감, 피로, 과도한 감정과 같은 특정 감각이 있을 때 그녀는 자신이 곧 불안해질 것이라고 걱정하게 되었다. 가슴 답답함, 어지러움, 메스꺼움 같은 갑작스럽고 예상치 못한 신체 증상이라도 느껴지면 두려움이 기하급수적으로 커졌다. 사실 불안해지는 게 너무 걱정되어서 하루 종일 다른 생각을 거의 할 수 없게 된 지경이었다. 불안을 다스리지 못할 것이라는 걱정 때문에 수면의 질도 점점 안 좋아져만 갔다.

샨드라가 가장 참기 어려웠던 점은 감정을 예전처럼 통제하기 어렵다는 사실이었다. 그녀의 감정은 항상 강렬했지만, 그래도 과거에는 적절한 정도로 관리가 가능했다. 하지만 이제 불안이 엄습하면 통제할 수 없이 떨고 우는 일이 잦아졌다. 이런 일이 가족과 친구, 심지어 회사 동료들 앞에서 일어났고, 사람들이 '샨드라의 사이코드라마'라고 부를 정도였다.

그녀는 다른 사람들에게 자주 '끔찍한 불안감'을 호소했다. 사람들은 처음엔 그녀를 동정하고 위로했지만, 시간이 지날수록 샨드라의 감정 폭발에 인내심을 잃어갔다. 이제 샨드라에게는 불안한 날이 그렇지 않은 날보다 더 많았고, 한번 불안이 시작되면 하루 종일 지속되었다. 심리치료를 받으면서 샨드라는 여러 번 손을 잡아 비틀었고 이 놈의 불안 때문에 인생이 망가졌다고 울음을 터뜨렸다.

샨드라의 공황발작은 중대한 전환점이었다. 그녀는 항상 열정적이고 활기차며 일에서도 능률이 높은 사람이었고, 스트레스와 불확실성에 제대로 대처하며 목표를 달성할 수 있었다. 그러나 공황발작 이후 모든 것이 바뀌었다. 자신감 있고 유능했던 그녀는 스스로를 의심하며 예민하고 두려움이 많은 사람이 되었다.

샨드라는 과연 불안에 대한 두려움을 극복해낼 수 있을까? 샨드라와 비슷한 불안을 경험하고 있는 사람들은 어떤 심리적 전략을 취할 수 있을까? 가장 먼저 우리는 불안이 계속 변하는 감정의 일종임을 이해하고, 그것을 일시적인 상태로 받아들이는 법을 배워야 한다.

두려움을 극복하는 '자기 모니터링'

불안은 정상적인 감정이다. 슬픔, 좌절, 분노 없이 사는 것이 불가능한 것처럼 불안 없이 사는 것도 불가능하다. 하지만 샨드라는 불안을 위험한 감정으로 보게 되었고, 불안에 파괴적인 힘이 있다고 여겼기 때문에 그것을 피하거나 없애야 한다고 생각했다. 불안을 느끼는 것에 대한 두려움을 극복하기 위해 샨드라는 불안에 관한 생각을 바꾸는 일부터 시작했다. 그녀의 최종 목표는 불안이 위험하지 않은 정상적인 감정이며, 상황에 따라 도움이 될 수도 있다는 것을 받아들이는 것이다.

불안에 관한 생각을 재정립하는 과정은 불안을 더 정확히 이해하기 위한 '자기 모니터링' 연습으로 시작된다. 샨드라는 일상에서 느끼는 불안을 추적하기 위해 매시간 불안 점수를 매겼다. 우선 그녀는 시간별 활동과 생산성 수준(성취 능력)을 기록했다. 그런 다음 0~10점 척도를 사용하여 그 시간대의 불안 수준을 평가했다. 0은 '불안하지 않음', 5는 '중간 정도의 불안', 10은 '강한 불안'을 의미한다. 그녀의 기록은 다음과 같았다.

샨드라의 자기 모니터링

시간	활동	생산성	불안 점수
AM 7:00	급히 출근 준비	생산성 낮음	2
AM 8:00	교통 체증을 뚫고 회사까지 운전	생산성 낮음	4
AM 9:00	회사에 도착해서 이메일 업무	일을 즐겼으며 생산성 높음	1
AM 10:00	팀 기획회의	답답했지만 마지막에는 생산적이었음	7
⋮	⋮	⋮	⋮

자기 모니터링 검토하기

이렇게 기록을 2~3주 정도 쌓으면 다음과 같은 질문들을 통해 여러 경향을 파악할 수 있다.

- 생각보다 불안 점수가 낮다는 사실에 놀랐는가?
- 높은 수준의 불안이 발생했을 때 예상보다 더 고통스러웠나, 아니면 덜 고통스러웠나? 높은 수준의 불안이 항상 고통스러웠나, 아니면 예상보다 덜 고통스러운 경험이었나?
- 높은 수준의 불안이 항상 더 오래 지속되는가, 아니면 낮은 수

준의 불안이 더 오래 지속되었을 때도 있는가?

- 불안이 직장이나 가정에서 어려운 상황을 다루거나 문제를 해결하는 데 도움이 된 적이 있는가?

자기 모니터링을 수행하고 위와 같은 질문을 통해 수집한 기록을 더 깊이 분석함으로써 우리는 불안이 강도가 다양하고 하루 종일 오르내리는 정상적인 감정임을 배울 수 있다. 불안은 단순히 두려워해야 할 파괴적인 감정이 아니다. 오히려 삶의 다른 긍정적이고 부정적인 감정들과 마찬가지로 우리는 불안과 함께 살며 적응해나갈 수 있다.

자기실현적 예언에 맞서기

샨드라의 불안에 대한 두려움은 자기실현적 예언이 되었다. 그녀는 자신이 참을 수 없고 고통스러운 불안을 느낄 것이라고 예상하며 하루를 시작했다. 그런 다음 '기분이 좋지 않다'는 사소한 징후에도 더 심한 불안을 느꼈다. 참을 수 없는 불안을 일으키고 자기 파멸을 가져오는 악순환에 그녀는 어떻게 내응할 수 있을까?

샨드라의 목표는 더 이상 '감당할 수 없는 불안이 닥칠 거고 그렇게 하루를 망치겠지'라는 생각 대신에 '내가 다른 감정들의 변화에 대처하듯이 불안에도 잘 대처할 수 있어'라고 생각을 바꾸는 것이다.

- before: '감당할 수 없는 불안이 닥칠 거고 그렇게 하루를 망치
  겠지.'
- after: '내가 다른 감정들의 변화에 대처하듯이 불안에도 잘 대
  처할 수 있을 거야.'

나를 향하던 질문을 타인을 향해 던져라

이런 생각의 변화를 만들어내기 위해서는 다른 사람들이 불안
에 대처하는 방법을 관찰하는 것이 방법이 될 수 있다. 자신에게
과도하게 집중하는 것은 불안의 주요 원인이므로, 주의를 외부로
돌려 다른 사람들을 관찰하는 것이 치유 효과를 낳는 것이다. 나
의 처방에 따라 샨드라는 직장 동료, 친구 또는 가족이 발표를 시
작하거나 대화를 시작할 때, 혹은 자기소개를 해야 하는 상황에서
어떻게 대처하는지 주의 깊게 관찰하는 연습을 했다. 그녀는 다음
과 같은 질문들에 대해 생각해보았다.

- 그들이 불안해 보이는가?
- 불안이 그들의 수행 능력에 영향을 주거나 다른 부정적 결과
  를 가져오는가?
- 그들은 어떻게 불안을 관리하거나 받아들이고 있는가?

자신에게 집중하는 대신에 다른 사람을 관찰하는 법을 배운다

면, 불안이 나쁜 아니라 다른 사람들에게도 흔하게 나타나며, 그들 또한 불안에 적응하고 있다는 사실과 더불어 불안이 지속적 영향을 끼치지 않는다는 사실을 발견할 수 있다. 그녀는 이런 관찰을 통해 명백한 깨달음을 얻었다.

'다른 사람들도 불안을 좋아하진 않아. 하지만 그저 일상적으로 나타나는 부정적 감정 중 하나로 불안을 받아들이고 있어. 다른 사람들이 그렇다면 나도 그렇게 할 수 있지 않을까?'

샨드라가 어느 정도의 불안을 경험할 것이라고 예상하며 하루를 시작한다면, 불안에 대한 관점을 바꿀 수도 있다. '오늘 불안감이 생기지 않길'이라고 바라는 대신 '약간 불안할 수 있지만 나는 불안할 때도 효과적으로 하루를 살아가는 데 집중할 필요가 있어'라고 더 현실적이고 실질적인 관점을 갖게 되는 것이다. 누구든 불안을 느끼면서도 생산성 있게 일하고, 가족과 친구들과 자연스럽게 어울리며, 일상생활을 유지해나갈 수 있다.

불안 내성을 키우는 전략

샨드라가 그랬듯 우리에게도 불안에 대한 내성을 키울 수 있는 몇 가지 방법이 있다.

현재 과제에 대한 집중력을 유지한다

불안감이 생길까 봐 불안해지는 사람들은 불안의 첫 징후에 과도하게 집중하는 경향이 있다. 과도하게 자신에게 집중하는 태도를 떨치기 위해 샨드라는 자신이 불안 사이클에 빠지고 있음을 인지하고 의식적으로 현재 하는 일로 주의를 돌리는 법을 배워야 한다. '기분이 엉망이야'와 같은 생각이 들 때마다 그녀는 이런 감정을 인식한 후, 그 감정이 불안감과 걱정의 길을 따라가도록 내버려두는 대신 자신의 관심을 현재 당면한 과제로 부드럽게 옮기는 연습을 한다.

인내심을 가지고 대처법을 연습한다

심호흡을 몇 번 하기, 속도를 늦추기, 한 번에 한 단계씩 상황을 처리하기… 이것들은 불안의 충동성과 불안의 과도한 각성에 대응하는 방법으로 잘 알려져 있다. 샨드라는 명상 호흡을 이용하고, 어려운 상황이나 문제를 다룰 때 속도를 늦추고 심호흡을 하며 다음 단계에 집중하는 방법을 배울 필요가 있다.

회피하거나 포기하거나 변명하지 않는다

불안 민감성이 높은 사람은 불안감이 느껴지는 상황에서 도망가거나 회피하는 것을 정당화하기 위해 핑계를 댈 유혹을 받을 것이다. 샨드라는 공황발작을 겪은 후 원래 성격과는 다르게 상황을 회피하고 핑계 대기를 반복하고 있음을 깨달았다. 그녀는 특정한 업무 책임을 피할 핑계를 대고, 파티 초대를 거절하고, 불안이 커질 것을 두려워하여 헬스장에 가는 것을 그만두었다. 하지만 샨드라는 이제 잠재적으로 불안할 상황을 완전히 피하는 대신 불안과 함께 상황을 헤쳐나가기로 했다. '불안한 감정을 견딜 수 없어. 불안한 것만큼 나쁜 건 없어'라는 자동적인 생각에 맞서는 것으로 불안이라는 부정적인 감정 상태에 대한 내성과 수용성을 키울 수 있다.

규칙적인 운동이라는 마법

규칙적인 운동이 주는 건강상의 이점에 대해 모르는 사람은 없을 것이다. 유산소 운동이 불안을 줄일 수 있다는 사실도 알고 있는가? 앞서 살펴봤듯이, 불안해지는 것에 대해 불안하다면, 불안할 때 경험하는 생리적 각성을 좋아하지 않아서일 수도 있다. 하지만 걷기, 달리기, 자전거 타기, 수영과 같은 유산소 운동은 심혈관 계를 단련시키는 운동으로, 생리적 각성(심박수 증가, 빠른 호흡, 근육 긴장)을 극적으로 증가시킨다. 20~30분 동안 유산소 운동을 하면 불안할 때 나타나는 동일한 생리적 감각을 경험하도록 자신을 강제하는 것과 비슷하다.

샨드라는 첫 공황장애를 겪기 전까지 걷기 운동을 즐겼다. 식단을 챙기는 것과 함께 걷기는 그녀를 건강하게 만든 원동력이었다. 그러나 불안이 두려워진 샨드라는 생리적 각성을 진저리가 나도록 싫어하게 되었고 걷기를 그만두었다. 하지만 이제 불안 민감성 치료의 일환으로 운동을 다시 시작하고 불안할 때 그녀를 괴롭히는 증상들을 그대로 경험할 수 있는 더 강도 높은 유산소 운동 프로그램을 개발하는 것이 중요해졌다.

이를 위해 샨드라는 몇 가지 단계를 거쳤다. 우선 그녀는 신체 운동 증가를 피해야 할 의학적 문제가 없는지 의사의 확인을 받았다. 다음으로 운동 트레이너를 만나 자신의 체력 수준을 파악하고 그녀에게 필요한 맞춤화된 유산소 운동 프로그램을 설계하기로 했다. 또한 불안이 즉각적으로 감소하지 않더라도 여러 주 동안 꾸준히 프로그램을 지켜야 했다. 트레이너의 조언대로 그녀는 동기를 무너뜨릴 수 있는 세 가지 방해 요인을 해결해야 한다.

- 운동을 필수 사항으로 여기기: 신체 건강과 정신 건강을 위해 운동이 필수적이라고 생각해야 한다.
- 시간이 없다고 핑계 대지 않기: 바쁜 일정에도 운동할 시간을 확보하고 철저히 일정을 지켜야 한다.
- 불편함을 핑계 삼아 루틴에서 벗어나려는 마음 버리기: 불안 민감성이 있기 때문에 운동을 하면서 더 큰 통증이나 몸의 불

편함을 느낄 것을 예상하되, 운동으로 심혈관 계가 강화되는 것이지 위험에 빠지는 것이 아님을 자신에게 상기시켜야 한다.

두려움의 진짜 원인을 찾아라

산드라는 화가 나거나 답답하거나 눈물이 날 때마다 불안감이 곧 찾아올 것이라고 자동으로 생각했다. 그녀는 감정적 고통이 어떤 종류든 빠르게 그것을 불안으로 규정했다. 불안에 대한 두려움 때문에 불편한 감정을 불안으로 만들어내는 그녀의 성향은 상황을 악화시켰다. 그 결과, 불안 발작anxiety attack이 두렵다는 이유로 감정이 더 이상 고조되지 않도록 억제하려는 데 지나치게 신경을 썼다.

하지만 산드라는 자신의 감정을 종종 잘못 해석해 스트레스를 불안으로 오인하는 경우가 많았다. 우리는 이것을 '오귀인 오류misattribution error'라고 부른다. 원인이나 출처를 잘못 귀속시키는 오류를 범하는 것이다. 나는 산드라의 오귀인 오류를 교정하기 위해 산드라에게 괴로움을 느낄 때의 상황을 기록하는 방법을 제안했다. 그렇게 한다면 바로 결론을 내리는 것이 아니라 실제 겪고 있는 감정을 관찰하는 것이 가능해진다.

예를 들어 갑자기 눈물이 터졌을 때 그녀는 '지금 무슨 일이 일어나고 있지?'라고 자신에게 물어볼 수 있다. '내가 문제를 붙잡고 싸우면서 앞으로 나가지 못하고 있는 걸까? 감정에 압도된 것일까, 아니면 바쁘거나, 통제력을 잃은 것일까?'라는 질문도 해본다. 만약 이 질문에 대한 답이 '그렇다'라면 그녀는 스트레스를 경험하고 있을 가능성이 높다.

아니면 '내가 미래에 대해 무언가를 걱정하고 있는 걸까? 내가 미래의 문제를 잘 해결하지 못할 거로 생각하고 있는 걸까? 내가 '만약 이런 일이 생기면'이라는 생각에 집착하고 있는가? 아직 존재하지 않는 미래의 문제를 해결하려고 하고 있는가?'라고 물어볼 수도 있다. 만약 대답이 '그렇다'라면 샨드라는 불안을 경험하고 있을 가능성이 높다. 이런 질문을 통해 그녀는 종종 스트레스를 불안으로 잘못 규정했다는 사실을 깨닫게 된다. 그리고 '아, 내가 스트레스를 받고 있구나'라고 인식한다면, 불안함을 느끼지 않으려고 노력하는 대신 스트레스 상황을 해결하는 데 집중할 수 있게 된다.

샨드라처럼 불안 자체에 대한 두려움이 당신의 불안을 더 키우고 있는가? 그렇다면 그것은 불안 민감성이며, 원치 않는 불안한 감정이 더 자주 발생할 가능성이 높다. 예를 들어 개를 무서워하는 사람이 그렇지 않은 사람보다 개와 관련된 부정적인 경험이 더 많을 것이다.

불안에 대한 두려움도 마찬가지다. 불안에 대한 두려움이 있다면 불안을 예민하게 감지하고 불안 민감성이 낮은 사람보다 더 자주 감당하기 힘든 불안을 경험할 수 있다. 따라서 불안을 견디는 능력을 키우고 불안을 느끼는 것에 대한 두려움을 없애는 것이 중요하다. 이는 불안이 생기는 빈도와 강도를 줄이는 데 긍정적인 효과를 줄 것이다.

불안함에 대한 불안함을 이기는 법

2장에서 우리는 불안을 순간순간 변하는 상태로 바라보고, 자신의 감정을 과도하게 감시하지 않아야 함을 배웠다. 또한 신체 각성을 편안하게 받아들이고 부정적인 감정의 종류를 정확하게 구별해야 한다는 것을 기억하자. 이런 기술을 연습하는 것이 중요하다.

첫째, 스스로에게 인내심을 가져라. 높은 불안 민감성으로 오랫동안 고동받았나면 두려움을 줄이는 데는 더 오랜 시간이 걸릴 것이다. 두려움에 맞서려면 용기가 필요하다. 동물이나 벌레와 같은 외부 대상에 대한 두려움이든, 불안과 같은 감정에 대한 두려움이든, 두려움에 맞서는 것은 우리에게 매우 어려운 도전 중 하나다.

둘째, 첫 번째 연습으로 2~3주 동안 불안 수준을 관찰한다. 하지만 그 후에는 자기 모니터링을 중단한다. 불안 민감성이 높은 사람들은 불안의 징후에 과도하게 민감하며, 과도한 자기 모니터링은 이 문제를 강화할 수 있기 때문이다.

셋째, 유산소 운동을 규칙적으로 하라. 유산소 운동에 대한 동기를 유지하는 것은 누구에게나 어렵다. 나는 거의 25년간 달리기를 해왔지만 이를 유지하는 것이 여전히 쉽지 않다. 불안 민감성이 높을 경우 유산소 운동을 규칙적으로 하기가 더욱 어렵다. 신체 운동을 생활의 일부로 만드는 과정을 도와줄 수 있는 자료나 모임을 찾아보자. 규칙적인 유산소 운동이 불안의 신체 증상에 대한 두려움을 줄이는 데 큰 역할을 할 수 있으므로, 동기를 높이는 데 필요한 무엇이든 활용하기를 권한다.

넷째, 불안 증상에 대한 내성을 키워라. 불안이 한 가지 이상의 신체 증상으로 나타나는 것이 아마도 불안의 가장 고통스러운 부분일 것이다. 심장 두근거림, 호흡 곤란, 근육 긴장, 어지러움과 같은 신체 증상에 대한 내성을 강화하는 것이 '불안에 대한 두려움'을 줄이는 데 큰 역할을 할 것이다.

나는 내 불안에 대해 얼마나 알고 있을까?

우리는 불안으로 향하는 생각을 바로잡기 위해 2~3주 동안 매시간 불안 점수를 스스로 매겨볼 것이다. 먼저 1시간 동안 무엇을 하고 있었는지와 생산성 수준(성취 능력)을 기록한다. 그런 다음, 0에서 10까지의 척도를 사용해 그 시간 동안 느낀 불안 수준을 점수로 평가한다. 여기서 0은 불안 없음, 5는 중간 정도의 불안, 10은 극심한 불안을 의미한다. 매시간 약 1분을 넘지 않도록 매우 간략하게 작성하도록 한다.

시간	활동	생산성	불안 점수
AM 7:00			
AM 8:00			
AM 9:00			
AM 10:00			
AM 11:00			
PM 12:00			
PM 1:00			
PM 2:00			
PM 3:00			
PM 4:00			
PM 5:00			
PM 6:00			
PM 7:00			
PM 8:00			
PM 9:00			
PM 10:00			
PM 11:00			

기록을 마치면 수집한 데이터를 검토하여 다음 질문을 던지고, 불안의 경향을 찾아보도록 한다.

- 높은 불안보다 **낮은 수준 또는 중간 수준의 불안 경험이** 더 많다는 사실에 놀랐는가?

- 불안이 낮거나 중간 수준일 때, 예상했던 것보다 더 **생산적이었거나** 더 많은 즐거움을 경험했는가?

- 높은 불안 경험이 예상보다 더 **파괴적이었나, 아니면 덜 파괴적이었나?** 항상 파괴적이었나, 아니면 일부 높은 불안은 예상보다 덜 부정적이었나?

- 높은 불안이 항상 더 오래 지속되었나, 아니면 낮은 불안이 더 오래 지속된 때도 있었는가?

- 점수에 관계 없이 당신이 경험한 불안이 어려운 상황에 대처하거나 직장이나 가정에서 문제를 해결하는 데 도움이 된 적이 있었는가?

3장

도망치고 싶은 마음을
붙잡기

회피하지 않고 받아들이는 용기에 관하여

회피

Avoidance

두려움, 불안, 걱정과 같은

견디기 힘든 감정이 생길 가능성을 줄이기 위해

일상생활을 제한하려는 시도

미루기와 회피는 숨 쉬는 것만큼이나 자연스러운 행동이다. 우리는 어릴 때부터 고통스럽거나 불편한 감정을 유발하는 것에서 멀찌감치 떨어져 있는 법을 배운다. 긍정적인 감정을 유발하는 상황을 좇고, 슬픔과 두려움, 좌절 같은 부정적인 감정을 유발하는 상황을 피한다. 사람들 앞에서 말하는 것이 심한 불안을 일으킨다면 발표를 피할 것이고, 운전이 불안하다면 운전할 상황을 줄이려고 할 것이다. 시험 불안증이 있다면 가능한 한 시험을 안 봐도 되는 상황을 선택할 것이다.

고통스러운 경험과 그것을 유발하는 요인을 피하는 것은 어쩌면 당연한 일이다. 하지만 너무 자주 쉽게 불안해지는 까닭에 삶에 필수적인 활동까지 피하기 시작한다면 어떻게 될까? 왜 어떤 사람은 충만하고 만족스러운 삶에 매우 중요한 활동과 책임을 피하려 할까? 회피의 대가가 그 보상보다 훨씬 큰데도 말이다.

물론 비용과 편익은 사람에 따라 각기 다를 것이다. 한번은 심각한 광장공포증을 앓는 노년의 남성을 치료한 적이 있었는데, 그는 현관문을 열고 집 밖을 나서면 느끼게 될 두려움과 공황 때문에 20년 동안 집 밖으로 단 한 번도 나가지 않았다. 그에게는 집에 갇혀 사는 것이 현관 밖으로 나가는 두려움에 맞서는 것보다 비용이 덜 드는 일이었던 것이다.

이 장에서는 심리학자들이 불안의 두 가지 반응으로 주목하는 '도피'와 '회피'에 초점을 맞출 것이다. 도피escape는 불안이 자연스럽게 감소하기 전에 불안을 유발하는 상황에서 빠져나오는 것을 말하고, 회피avoidance는 불안을 유발할 것으로 여겨지는 상황에 다가가기를 거부하는 것을 의미한다. 견딜 수 없는 **심각한 불안을 예상하고 안도감과 안전해 보이는 쪽을 선택하려는 태도가** 이 두 가지 반응을 일으킨다.

도피와 회피의 선택 경로

'들어가며'에서 우리는 지나의 이야기를 살펴봤다. 붐비는 슈퍼마켓에서 심한 불안을 느낄 것 같아 두려운 사람은 집에 머무는 것을 더 안전하다고 느낄 것이다(회피). 직접 슈퍼마켓에 가기보다

는 다른 사람에게 장보기를 부탁하거나 식료품 배달 서비스를 이용하면 될 일이다. 누군가가 같이 장을 보러 가자고 해도 불편함의 첫 징후가 나타나는 즉시 불안감이 참을 수 없는 수준으로 상승하는 것을 막기 위해 그 자리를 떠날 것이다(도피).

이 두 가지 반응, 즉 회피와 도피에 의해 삶을 지배당하는 한 사람이 있다. 그의 이름은 자말이다. 그는 처음에는 몇몇 불편한 상황을 피하려 했던 것이지만, 시간이 지날수록 점차 더 많은 일상 활동을 회피하게 되었고, 이제는 불안과 회피로 인해 제대로 된 일상을 영위하지 못할 정도로 심각해진 상태였다. 그야말로 자말은 희망과 꿈을 모두 내려놓을 정도로 위기의 벼랑 끝에 서 있었다.

일상의 도망자가 된 자말의 이야기

자말은 느긋하고 걱정 없이 평화로웠던 과거 자신의 모습을 떠올렸다. 그는 운동을 살했고, 사교적이었으며, 음악을 좋아했고, 거의 모든 과목에서 성적이 좋았다. 인기가 많고 주변의 사랑을 듬뿍 받았던 고등학교 시절은 그에게 즐거운 추억으로 남아 있다. 그는 친구가 많았고 안정적이고 사랑을 주는 가족이 있었으며, 경제적으로도 풍족했다. 하지만 대학 진학과 함께 이 모든 게 송두

리째 바뀌었다. 자말은 살면서 처음으로 불안정함을 느꼈다. 운동과 수업 모두 예상보다 훨씬 더 힘들었고, 각기 다른 지역으로 흩어진 옛 친구들에게 의지할 방법도 없었다.

자말이 심각한 불안감을 경험한 것은 집을 떠난 몇 주 후였다. 그는 미적분학 개론 수업에 몇 분 지각했는데 500명 이상을 수용하는 강당에서 열리는 대형 강의였다. 그가 강당에 들어갔을 때는 이미 좌석이 꽉 차 있었고 강당 중앙에 한 자리만 비어 있었다. 강의가 이미 시작된 가운데 자말은 열두 명의 학생을 지나 빈자리로 가야만 했다. 모든 사람이 그를 쳐다보는 것 같았고 강사가 그가 자리에 앉을 때까지 잠시 강의를 멈춘 것처럼 보였다.

그는 노트에 지루하고도 어려운 계산을 하며 몇 분 동안 애쓰다가, 강렬한 열기가 머리부터 발끝까지 몸 전체를 휩쓰는 것을 느꼈다. 동시에 어지럽고 현기증이 났고, 심장이 빠르게 뛰었으며, 숨을 쉴 수 없을 것 같았다. 전에도 한번 폭염 속에서 운동을 하다가 비슷한 경험을 한 적이 있었다. 기절할 뻔했던 당시의 경험을 그는 탈수 때문이었다고 단순히 생각했다. 하지만 지금은 그저 수업을 듣고 있었을 뿐인데 왜 그때와 같은 통제 불능의 느낌이 드는 걸까? 곧 기절하게 되는 걸까? 그러면 수업에 방해가 될뿐더러 못 볼 꼴을 보이게 될 것 같았다.

그는 당장 밖으로 나가야 한다고 생각했다. 곧바로 자리에서 일어난 자말은 사람들의 시선을 뒤로 하고 빠르게 강의실을 빠져나갔다. 건물을 빠져나와 신선한 공기를 한 모금 들이마시자 점차 증상이 가라앉기 시작했다. 15분쯤 지나자 방으로 돌아갈 기력이 생겼고, 그가 방에 도착했을 땐 증상이 사라져 있었다. 중요한 수업을 놓치긴 했지만 자말은 강한 안도감을 느끼는 데 만족했다.

그 후로 자말은 사람이 많은 곳이나 사교 모임, 공공장소에서 점점 더 큰 불안감을 느꼈다. 그럴수록 대형 강의에 출석하지 않을 방법을 찾아나갔고, 주로 온라인 강의로 공부를 이어나갔다. 기숙사 식당에서 혼자 밥을 먹을 때에는 식당에 있는 모두가 그를 쳐다보고 있다는 생각이 들 정도로 자의식이 극도로 강해졌고, 테이크아웃 음식을 포장해 방으로 가져와 먹는 일이 늘어났다. 기숙사 친목 행사를 피하는 것은 수순이었다. 오리엔테이션 주간에 알게 된 친구들이 초대한 모임에도 응하지 않았다.

자말은 외톨이가 되어갔다. 자신이 힘들어하고 있다는 것을 옛 친구들에게 알리고 싶지 않아서 소셜미디어에 게시물 업로드도 중단했다. 방 안에 홀로 있는 것만이 유일한 안식처럼 느껴졌고, 대학 생활의 평범한 활동들이 벅차게 느껴졌다. 다시 불안 발작이 올까 봐 두려웠던 자말에게는 안전한 곳으로 도피하는 것이 최고의 선택지였다. 끔찍한 일이 일어날 것이라는 기분이 들 때 회피는 그가 선호하는 대처 방식이 되었다.

자말의 경험이 낯설지 않다면 주목하길 바란다. 회피는 여러 형태로 나타날 수 있다. 내가 불안해하는 모습이 다른 사람들의 시선을 끌까 봐 두려워 상황을 피하는 경우도 있다. 붐비는 상점이나 엘리베이터처럼 갇힌 느낌이 드는 상황을 피하려는 사람도 있다. 어떤 사람은 당황스러움이나 죄책감과 같은 특정한 감정을 피하기 위해, 어떤 사람은 성행위나 믿었던 사람의 배신과 같이 그들을 불편하게 만드는 생각을 피하려 애쓴다. 심박수가 요동치는 등 갑자기 나타나는 신체 감각을 피하기 위해 도피를 선택하기도 한다.

이처럼 유발 요인은 다양하지만, 한 가지는 분명하다. 불안해지는 것을 피하거나 불안 증상이 발생할 가능성을 '피하고 싶어 한다'는 것이다. 그런데 고립과 회피가 '이 모든 것에서 탈출'하기 위한 수단이 될 수 있을까? 아니다. 그렇다면 자말이 도피와 회피를 극복하고 삶을 되찾기 위해 사용할 수 있는 방법은 무엇일까?

두려움에 맞서는 '노출 전략'

먼저 자말의 두려움을 극복하게 만들었던 '노출^{exposure} 프로그램'에 대해 알아보자.

1학년 생활을 하며 불안과 두려움으로 인해 이미 축소된 자말의 생활은 어느 순간부터 더욱 무너져 내렸다. 첫 학기를 다 보내고 고향 집에 다녀온 것이 계기였다. 그의 남동생이 대학 생활이

멋진지 물었을 때 그는 거짓말로 '그렇다'고 대답했다. 그는 거짓말을 한 것에 괴로워하며 변화가 필요하다고 깨달았다. 두려움이 그를 지배하도록 두는 대신에, 어느 정도는 두려움에 맞서야 한다고 결심한 것이다.

내 상담실을 찾아온 자말에게 나는 가장 먼저 어떤 상황이 그에게 불안을 유발하는지, 그 정도는 어떤지 평가하는 것부터 시작하자고 말했다. 자말은 여러 상황에서 심각한 불안을 느꼈고, 항상 그 상황을 피해왔다. 하지만 피하고 싶어도 상당한 노력을 들이면 때때로 견뎌낼 수 있는 상황도 있었다. 그는 피곤하거나 스트레스를 받을 때 회피하는 경향이 더 강해졌다. 그에게 안도감을 주는 친구나 가족과 함께 있을 때, 또는 다시 불안감이 느껴져도 계속해야 한다는 의무감을 느끼게 하는 사람과 함께 있을 때는 회피 성향이 줄어든다는 것도 알게 되었다.

자말처럼 회피의 양상이 다양하게 나타날 때는 두려움과 불안에 맞서는 첫 단계로서 **자신의 도피와 회피 반응에 대해 제대로 이해하는 것**이 중요하다. 이를 위해 가장 쉽고 직접적인 방법은 '회피를 유발하는 요인 목록'을 작성해보는 것이다. 자말은 유발 요인 목록을 작성하면서 불안 때문에 맞닥뜨리기 어려웠던 상황, 행사, 사람, 활동이나 경험을 모두 적었다.

불안을 겪는 대부분의 사람은 20~30가지 상황이나 경험을 나열할 수 있다. 이런 상황들은 다양한 수준의 불편함과 회피의 원인이 되므로, 자말은 다음 단계로 각 상황을 0~10점 척도로 평가했다. 0은 '회피하지 않음', 5는 '회피할 가능성 반반', 10은 '항상 회피할 가능성 높음'을 의미한다. 자말은 점수순으로 상황을 나열하여 그가 회피할 가능성이 가장 높은 상황을 맨 위에, 회피할 가능성이 가장 낮은 상황을 맨 아래에 놓았다. 다음은 그가 점수에 따라 나열한 회피 상황이다.

자말의 불안 유발 요인 목록

상황	회피 점수
수업에 늦어서 앞줄 중간에 있는 자리 찾아가기	10
축구 경기를 보러 가서 기숙사 친구들이 나를 볼 수 있는 곳에 앉기	9
다시 대면 강의 들으러 가기	7
붐비는 기숙사 식당에서 혼자 식사하기	6
기숙사 친목 행사 가기	5
수업 시작 전 다른 학생과 대화하기	4
오랜 고향 친구와 문자 대화 시작하기	2

다음으로는 계획적이고 체계적인 방식으로 불안과 불편함에 직면하기 위한 노출 요법exposure therapy을 적용할 단계다. 이런 유형의 치료는 의도적으로 자신을 불편한 상황에 노출하는 것이기 때문에 상당한 용기와 결단력이 필요하다. 그러나 노출은 두려움, 불안, 회피에 대한 가장 강력한 심리치료법이다. 자말은 이에 대해 우려를 표했지만 나는 만약 그가 이 전략에 시간을 기꺼이 투자한다면 불안과 회피 행동에 큰 변화가 있을 것이라고 말해주었다.

노출 효과를 극대화하기 위해 자말은 각 노출 연습을 실시하기 전에 계획을 세워야 했다. 그는 중간 수준의 불안을 유발하여 그가 피했던 상황부터 시작할 필요가 있다고 생각했다. 그래서 점심과 저녁 식사를 하기 위해 기숙사 식당에 가는 것부터 시작하기로 결정했다. 기숙사 식당을 피한다면 외식 비용이 많이 들고 테이크아웃 음식이 건강에 좋지 않기 때문에 이는 좋은 출발점이었다.

내 조언에 따라 그는 노출을 여러 단계로 나누었다. 자말은 사람이 적은 시간대에 식당에 가는 것부터 시작했는데, 혼잡도가 낮아 불안감이 덜했기 때문이다. 그는 2주 동안 매일 두 번씩 이를 실전했다. 내 예상대로 2주 차가 되자 자말의 불안감은 거의 0에 가까워졌다. 그 후 그는 점진적으로 시간대를 바꾸어 붐비는 시간대에도 기숙사 식당에서 식사를 할 수 있게 되었다. 처음에는 불안감이 매우 높았지만, 불편함을 견디기로 결심했다. 결국 식당에서 식사하는 것이 편안해졌고 이제 목록에 있던 또 다른 회피 상황을 다룰 때가 되었다고 판단했다.

다음 과제는 미적분학 개론과 같은 대형 강의에 출석하는 것이었다. 그는 수업 시작 10분 전에 도착해 뒷줄에 앉는 것부터 시작했다. 불안감이 줄어들 때까지 몇 주 동안 이를 계속하다가 다음으로 강의실 중간쯤에 있는 줄의 가장자리에 앉기로 결심했다. 이런 식으로 계속 연습한 그는 붐비는 강의실 어디에나 앉을 수 있게 되었다.

불안 내성을 높이는 '받아들임'의 질문법

회피 습관을 버리기 위해서는 더 큰 불안과 불편함을 견딜 수 있어야 한다. 이는 노출 요법을 통해 의도적으로 불안을 높이든 그렇지 않든 필요한 과정이다. 불안한 감정에 지나치게 민감하다면 회피를 줄이기가 거의 어렵다. 하지만 불안 내성이 높아진다면 그동안 피해왔던 모든 불안 유발 요인에 맞서면서 자연스럽게 불안을 감소시킬 수 있다. 나는 노출 연습이 효과를 보려면 불안을 '받아들여야' 한다고 설명했다.

불안 내성을 높이는 데는 두 가지 전략이 핵심이다. 첫 번째는 **마음챙김을 통해 불안한 생각을 수용하기이다.** 자말은 불안 유발 요인에 직면할 때 머릿속에 침입하는 불안한 생각들에 주의를 기울이라는 조언을 받았다. 그는 떠올리면 불안해지는 생각들을 스마트폰 메모 앱에 기록한 다음, 그 생각들에 대해 다음의 질문을 던지며 자문해보았다.

- 나는 '기절할 것 같아, 무너질 것 같아, 비명을 지를 것 같아'와 같은 비관적 예측을 하고 있는가?
- 내가 불안해졌을 때 일어날 수 있는 최악의 상황은 무엇인가?
- 나는 내 생각보다 감정에 대한 통제력이 더 있지 않을까?
- 나는 고통을 견딜 수 있으면서, 왜 쉽게 불안은 견딜 수 없다고 생각할까?

불안한 순간에 이런 탐색적 질문들을 스스로 한 후, 자말은 불안할 때 생기는 생각과 싸우기보다는 그것을 수용하는 연습을 했다. 그는 불안한 생각이 머릿속에 머물도록 두었다. 그렇게 두는 것은 약간 스트레스가 쌓이는 일이었지만 아무것도 하지 않고 결과를 기다려보았다. 대부분 끔찍한 일은 일어나지 않았고 그는 스스로 예상했던 것보다 불안한 상황을 훨씬 잘 견뎌냈다.

불안 내성을 키우는 두 번째 전략은 마음챙김을 통해 신체 증상을 수용하는 것이다. 자말은 불안을 느낄 때 경험하는 모든 신체 증상에 대해 초연한 관찰자의 관점을 취하는 연습을 했다. 예를 들어, 그는 불안할 때 종종 심박수가 증가하고 땀을 흘리는 것을 알아차렸다. 하지만 이제 이런 증상이 비정상적이고 통제력을 잃은 신호라고 짐작하는 대신, 심박수가 증가하고 땀을 흘렸던 다른 모든 상황을 떠올렸다.

헬스장에서 운동하거나, 계단을 뛰어오르거나, 서둘러 수업에 갈 때도 같은 신체 증상이 나타났지만 두려운 마음이 들지는 않았다. 이성적으로 보아도 자말은 자신이 건강한 젊은 남성이라는 것을 알고 있었기에 심박수 증가나 땀이 위험하다고 볼 이유가 없었다. 그래서 그는 마치 다른 사람에게서 일어나는 일을 지켜보는 것처럼 자신에게 일어나는 증상들을 단순히 관찰하기로 결심했다. '내 심장이 더 빨리 뛰고 싶어 하고 땀샘이 무리하고 있군. 괜찮아. 그냥 내 몸이 하고 싶은 대로 하도록 두지 뭐.'

불안한 감정을 관리하는 일상의 기술

자말은 불안을 관리하는 데 몇 가지 전략을 더 사용하여 효과를 높일 수 있다. 일반적으로 불안 관리 능력을 강화하면 벅차 보이는 상황들을 다룰 수 있다는 자신감을 키우는 데 도움이 된다. 그리고 감정 조절 기술에 자신감이 생기면, 두려움, 불안, 회피가 줄어들 수 있다.

환경에 주의를 집중하기

첫 번째 불안 관리 기법은 그라운딩^{grounding}이라고 하는데, 물리 환경의 세부 사항에 주의를 집중하는 전략이다. 이는 일종의 주의 전환 기법으로 불안한 마음이 들어도 현재의 순간이 생각보다 더 안전하다는 것을 상기시키는 역할도 한다.

과호흡을 관리하는 4-4 호흡법

두 번째 불안 관리 기법은 횡격막 호흡이다. 횡격막 호흡은 불안을 느낄 때 과호흡하는 경향을 막기 위해 사람들이 자주 사용하는 기법이다. 코로 일반적인 호흡을 하되 4초 동안 들이쉬고 4초 동안 내쉬는 속도를 유지한다.

일부러 속도를 늦추기

세 번째 불안 대처 기법은 속도 늦추기다. 자말은 사람들 사이에서 불안을 느낄 때 불안한 경험을 서둘러 끝내고 싶어서 말과 신체 활동이 빨라지는 반응을 나타냈다. 하지만 빠르고 충동적으로 행동하면 더 불안하고 통제력을 잃은 기분을 느낄 수 있다. 그래서 자말은 서두르지 않기 위해 '천천히 해, 속도를 늦추자, 내가 하는 일에 집중하자'라는 혼잣말을 연습했다.

도망치고 싶은 마음을 이기는 생각 습관

자꾸만 도망치고 싶은 마음이 든다면 자신의 불안과 걱정을 찬찬히 살펴보길 바란다. 도피와 회피가 불안을 유발하고 있는가? 현재 피하고 있는 상황과 경험 때문에 나의 삶이 더 작아지지는 않았는가? 회피를 시작한 이후로 불안한 감정에 대한 내성이 줄어들고, 불안을 피해 안전과 안식처를 찾는 일을 고민하게 되었다는 것을 알아차렸을 것이다.

만약 수년간 불안과 싸워온 사람이라면 도피와 회피가 너무 당연한 상태일 수도 있을 것이다. 불안을 유발하는 상황을 예상하는 것만으로도 기본 반응으로 회피가 나타날 수도 있다. 당신은 스트레스를 받느니 차라리 상황을 완전히 피하는 것이 낫다고 핑계를 대며 자신을 설득한다. 회피 습관을 깨는 것은 어렵다. 하지만 자신에게 솔직해진다면 첫걸음을 내딛을 수 있다.

첫 번째 단계는 회피가 불안 문제를 악화시키고 있다는 것과, 불안에 맞서지 않는 것이 건강과 삶의 질에 도움이 되지 않는다는 것을 깨닫는 일이다. 그런 다음, 자말이 했던 것처럼 회피를 유발하는 요인 목록을 만들고 여러 번의 노출을 통해 각 상황을 해결해나가면 된다.

당신은 목록에서 가장 불안을 적게 유발하는 상황부터 노출 요법을 시작해야 하며, 그 상황에서 불안이 줄어들고 자신감이 강해질 때까지 계속 노력해야 한다. 그런 다음 약간 더 까다로운 상황을 다루는 단계로 나아갈 때가 된다. 이 과정이 얼마나 오래 걸릴지 아는 것은 불가능하므로, 자신을 다정하게 대하고 인내심을 가져야 한다. 또한, 도움이 필요하고 도움을 받을 수 있는 상황에 있다면 주저하지 말고 심리치료사나 다른 전문가의 지원을 받아야 한다. 결국 두려움에 맞서는 것이 당신이 넘어야 할 가장 높은 산이다.

때때로 회피는 **원치 않는 생각과 감정을 억제하려고 과도하게 노력하는 과잉 통제**overcontrol의 형태를 띤다. 갑자기 원치 않는 생각과 감정이 의식 속으로 밀려올 때가 누구에게나 있다. 그것은 죄책감, 수치심, 후회와 같은 부정적인 감정일 수도 있고, 이기적이거나 혐오스럽거나 비도덕적인 생각일 수도 있다. 자말의 이야기에서도 알 수 있듯이, 우리가 외부 상황을 피하듯 생각과 감정을 피할 수는 없지만, 그것을 의식 밖으로 밀어내거나 완전히 없애버리려고 하면 생각과 감정의 통제에 집착하는 일이 생긴다. 이런 방식으로 회피의 덫에 빠지게 된다.

이런 종류의 정신적 회피를 해결하는 가장 좋은 방법은 '수용하기'이다. 우리는 통제하려는 마음을 버리고 마음이 어디로든 방황하도록 허용하는 것을 배울 필요가 있다. 마음이 방황할 때, 심지어 우리가 피하고 싶어 하는 곳으로 이동할 때도, 우리는 현재 일어나는 일을 인정하고 부드럽게 현재 해야 할 일로 주의를 돌릴

수 있다. 과잉 통제를 줄이는 것은 회피를 극복하는 또 다른 방법
이다. 생각을 통제하려는 노력을 포기할 때 그 생각은 스스로 마
음을 통과해 지나갈 것이다. 반면에 생각을 없애려고 노력하면 그
것이 오히려 더 강렬하게 주의를 끄는 대상이 될 수 있음을 알게
될 것이다.

만약 과거에 노출 요법을 시도해보았지만 효과를 보지 못했다
면, 다시 한번 심리치료사와 상담해보길 바란다. 회피 습관에서 벗
어나려는 사람 대부분은 전문가의 도움이 있을 때 큰 차이를 경험
하게 된다. 회피에 더 오래 머물수록 벗어나기가 더 어려워진다는
점을 명심해야 한다. 만성적인 미루기와 회피 습관에서 벗어나는
것, 당신은 할 수 있다.

나에게 두려움을 직면할 용기가 있을까?

불안과 두려움에 맞서기 위한 첫 단계로서 **회피하거나 도피피하는 반응**을 이해하는 것이 중요하다. 이를 위해 회피나 도피를 유발하는 요인 목록trigger list을 작성하는 것이 쉽고 간단한 방법이다. **불안감 때문에 참여하기 어려울 것 같은 모든 상황, 사건, 사람, 활동 또는 경험을** 적어보자.

불안을 가진 사람들은 대부분 20~30개의 경험 목록을 만들 수 있다. 상황에 따라 다양한 수준의 불편함과 회피를 유발할 가능성이 있으므로, 각 상황에 대해 0부터 10까지의 점수를 매겨본다.

회피 유발 상황	회피 점수

0점 =회피하지 않음, 5점 =절반 정도는 피할 가능성이 있음, 10점 =항상 피할 가능성이 높음.

이제 상황들을 내림차순으로 정리해보자. 가장 회피할 가능성이 높은 상황을 맨 위에 두고, 가장 회피할 가능성이 낮은 상황을 맨 아래에 둔다.

번호	회피 유발 상황	회피 점수
1		
2		
3		
4		
5		
6		
7		
8		
9		
10		
11		
12		
13		
14		
15		
16		
17		
18		
19		
20		

이제 당신의 유발 요인 목록에 있는 각각의 상황에 대해 노출 계획을 세울 준비가 되었다. 쉽지 않겠지만 이 노출 전략에 시간을 투자할 의향이 있다면 당신이 느끼는 불안과 회피에 많은 변화가 있을 것이다.

이제 당신의 유발 요인 목록에 있는 각각의 상황에 대해 노출 계획을 세울 준비가 되었다. 쉽지 않겠지만 이 노출 전략에 시간을 투자할 의향이 있다면 당신이 느끼는 불안과 회피에 많은 변화가 있을

4장

쓰러져도
다시 일어나는 법

무력감을 벗어던지고 '진짜 나'를 회복하기

불안 무력감

Anxious helplessness

자신이 정서적으로 취약하고 연약하며,

의도치 않게 발생하는, 두렵고 불안하고 걱정스러운

생각과 감정, 경험을 견딜 능력이 없다고 강하게 믿는 것

어느 날 문득 삶이 벅차게 느껴진다. 머릿속을 가득 메운 불안
과 걱정으로부터 한순간도 벗어날 수 없다. 생각하지 않으려 해
도 곧 나에게 닥칠 일들이 떠오르고 금세 불안에 휩싸인다. 나는
너무나도 무기력해서 아무것도 할 수 없으리라 믿고 있다. 불안에
짓눌려서 자신이 정서적으로 연약하다고 믿게 되었는지도 모른
다. 내가 다른 사람들만큼 강하지도 않으며, 쓰러져도 다시 일어날
회복력이 전혀 없다고 믿게 되었을 수도 있다.

지난날을 돌아보자. 예전에는 상상조차 하지 못했던 사람으로
변해버린 것은 아닐까. 과거의 나는 자신감 넘치고 독립적이며 당
면한 문제를 척척 해결해내던 사람이었지만, 불안이 삶을 압도하
게 된 지금은 두려움과 자기 의심, 불안정으로 가득 찬 삶을 살고
있다. 이렇듯 불안으로 인해 스스로를 취약하고 연약하다고 생각
하게 되는 증상을 '불안 무력감anxious helplessness'이라고 부른다.

불안 무력감은 높아진 두려움과 불안을 관리하기 위해 상황을
회피하고 다른 사람에게 의존하게 만든다. 당신이 강하지 않고 정

서적으로 취약하다고 믿으면, 불편함을 느끼게 하는 모든 것을 피할 가능성이 높아진다. 회피가 자리 잡으면서 일상을 영위하기 위해 필요한 일들을 배우지 않고, 가족 구성원 또는 가까운 친구들에게 미루고, 그들에게 점점 더 의존하게 된다. 결국 불안 무력감은 악순환의 고리를 만든다.

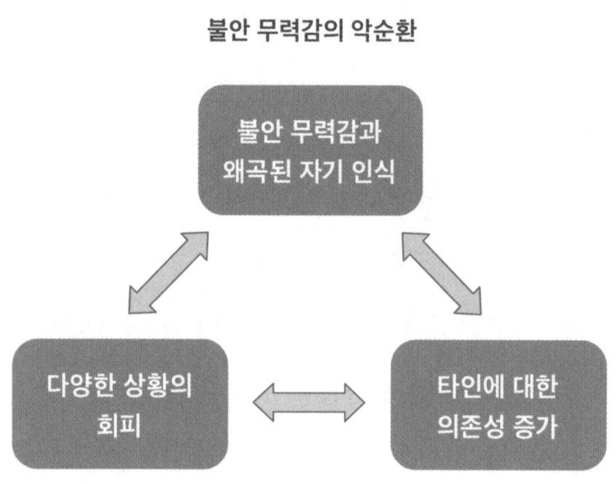

아내 의존증에 갇힌 라파엘의 이야기

불안하면 자신을 무력하고 취약하다고 생각하게 되고, 그 결과 상황을 회피하고 다른 사람에게 더 의존하게 된다. 이는 다시 자신이 무력하고 취약하다는 믿음을 강화한다. 이런 악순환이 라파엘의 삶 속에 들어왔고 그를 깊은 절망으로 몰아넣었다.

라파엘은 20대 초반부터 삶이 힘겨웠지만, 특히 지난 10년은 더 고통스러웠다. 전기공학 전공으로 대학을 졸업한 후 라파엘은 장밋빛 미래를 꿈꾸고 있었다. 엔지니어링으로 이름난 대기업에 취업했고, 안나와 결혼하여 미국 중서부의 대도시 근교에 정착했다. 안나는 꿈꾸던 초등학교 교사가 되었고, 몇 년 후에 부부는 두 아이를 낳았다. 행운이었다. 하지만 행운의 뒷면에는 어두운 그림자가 도사리고 있었다. 10대 시절부터 라파엘은 불안과 걱정으로 힘들어했다. 약물 치료와 간헐적인 상담으로 극복해보려 했지만 때로는 아슬하게 버티고 있는 자신이 안쓰러웠다.

일에서 오는 스트레스와 재정적 부담을 지고 육아를 병행하며 일상생활의 책임이 쌓여감에 따라, 라파엘은 불안이 커지는 것을 느낄 수 있었다. 불안한 날이 그렇지 않은 날보다 더 많아지기 시작했다. 수면의 질이 나빠졌고, 깊은 걱정에 오래 빠져 있는 일이 잦았다. 가슴 두근거림이나 숨 가쁨, 어지러움, 두통 같은 신체 증상도 나타나기 시작했다. 그러자 그는 건강을 걱정하게 되었다. 라파엘은 체중과 고혈압 문제로 힘들어했는데, 심혈관 질환 가족력 때문에 걱정스러운 문제였다. 그러던 어느 날, 라파엘은 수년 만에 강렬한 공황발작을 경험했고, 그 이후로 인생이 180도 바뀌었다.

공황발작이 일어난 곳은 직장이었다. 병원 검사를 받고 심장 이상이 없다는 것을 확인한 후, 라파엘은 잠시 병가를 내고 집에서 회복에 힘썼다. 불행히도 공황발작 이후로 그는 깨어 있는 대부분의 시간 동안 불안을 느끼게 되었다. 약을 늘렸음에도 불구하고 깊이 자지 못해 잠이 늘 부족했고, 그럴수록 불안에 대처하기가 어려워졌다. 그는 자신감을 완전히 잃고 또다시 공황발작이 생길지도 모른다는 두려움에 사로잡혔다.

라파엘은 삶이 힘들게만 느껴졌다. 그는 불안의 존재를, 그가 정서적으로 취약하고 남들만큼 강하지 않다는 증거로 받아들였다. 그래서 건강을 지키기 위해 추가적인 예방 조치를 취해야 한다고 생각했다. 그는 불안을 유발한다고 느끼는 요소 하나하나에 극도로 민감해졌고, 조금의 불안이라도 유발하는 활동들을 모두 다 생활에서 제거해야겠다고 결심했다. 우선 사회 활동을 줄이기 시작했다. 그다음으로는 모든 공공장소를 피하기로 했다. 다행히도 회사를 설득해 재택근무를 허락받은 덕분에 일은 계속할 수 있었다.

라파엘의 상태는 아내인 안나에게 엄청난 영향을 미쳤다. 그는 가족과 관련된 일 대부분을 안나에게 크게 의존하게 되었다. 안나는 장보기를 비롯해 운전, 아이들 데려다주기, 은행이나 관공서 일처럼 집 밖에서 이루어지는 온갖 잡다한 일들과 책임을 전부 떠맡게 되었다. 또한 라파엘이 밤에 혼자 있는 것을 불안해했기 때문에 여행을 가거나 휴가를 보내거나, 레스토랑에 가거나, 친구들을 만나거나, 교회 활동에도 참여할 수 없게 되었다. 드물게 라파엘의 상태가 괜찮은 날에 눈치껏 허락을 받아 약속을 잡더라도, 그가 마지막 순간에 말을 바꾸는 일이 많았다. 안나는 라파엘을 위해 갖은 핑계를 떠올려야 했고, 결국 그가 컨디션이 좋지 않아 모임에 갈 수 없다고 핑계를 대야 했다.

이렇게 몇 달이 지나자 안나에 대한 라파엘의 의존성은 부부의 결혼 생활을 위태롭게 만들었다. 라파엘은 자신이 안나에게 무거운 짐이 된다는 것을 알지만 어쩔 도리가 없었다. 그에게는 안나가 필요했다. 하지만 안나는 압박감에 무너지기 시작했다. 다툼과 갈등이 늘어났고 당분간 별거를 해보잔 얘기까지 나왔다.

라파엘의 이야기에서 내 모습이 혹은 누군가의 모습이 떠오른다면? 회피와 의존성이 나타나고 있는 것이다. 라파엘의 불안 문제에는 여러 가지 이유가 있다. 가장 중요한 이유는 그가 자신을 취약하고 정서적으로 연약하다고 믿는 것이었다. 라파엘은 자신이 무력하다고 믿었기 때문에, 불안감과 스트레스를 피해야 하고, 자신을 돌보려면 다른 사람들에게 의존해야 한다고 믿었다. 자신이 무력하다고 믿고 있는 라파엘은 불안과 두려움의 덫에 갇히게 되었다.

하지만 다행히도 **불안 무력감은 잘못된 믿음들의 결합일 뿐**이다. 불안이 지속됨에 따라 자신의 모습을 왜곡하여 받아들이는 것이다. 라파엘이 자신의 강점과 회복력을 발견하고 건강한 자기 인식을 하기 위해 사용할 수 있는 전략들이 있다.

자기 인식을 바로잡고 '진짜 나'를 되찾기

라파엘은 자신이 다른 사람들보다 더 나약하고 정서적으로 취약하다고 인식하여 스트레스를 가능한 한 최소화해야 한다고 생각했고, 그 결과 일상생활에서 타인에게 의존하는 경향이 생겼다. 그러나 이런 자기 인식은 불안에 의해 왜곡된 것이었다. 불안과 무력감에 맞서기 위해 그는 현실적이고 균형 잡힌 방식으로 자신을 이해할 필요가 있었다. 우리는 이것을 **자기 개념**self-concept이라고 한다.

라파엘이 자기 개념을 확립하기 위한 과정은 자신의 진짜 모습을 재발견하는 것으로 시작되었다. 그는 과연 자신이 믿는 것처럼 그렇게 약하고 무력한 존재인가? 이를 확인하기 위해 그는 다음과 같은 자기 재발견 연습을 했다. 그는 빈 종이에 세로줄을 그어 두 칸으로 나눈 후, 왼쪽 칸에는 '과거에 불안을 극복한 경험'과 오른쪽 칸에는 '과거 불안을 견디기 위해 사용한 전략과 기법'이라는 제목을 붙였다.

그런 다음, 왼쪽 칸에는 과거에 불안을 느꼈지만 이를 극복하거나 견뎌냈던 경험을 가능한 한 구체적으로 기록했다. 오른쪽 칸에는 당시 불안을 견디거나 돌파하기 위해 사용했던 전략을 적었다. 라파엘이 적은 내용은 다음과 같다.

불안을 극복한 과거의 경험	불안을 견디기 위해 사용한 전략/기법
현재 다니는 직장을 위해 면접을 봤을 때	면접을 철저히 준비하는 데 집중했다
안나에게 청혼했을 때	안나가 '좋아'라고 말할 것이라 믿었고 타이밍이 적절했다고 생각했다
처음으로 주택담보대출을 신청했을 때	메스꺼움을 느끼면서도 대출 절차를 잘 밟았다
가슴 통증으로 처음 병원 예약을 했을 때	의사가 심각한 병이 아니라는 것을 확인해주면 마음이 편안해질 것이라고 나 자신을 설득했다
시카고의 교통 체증 속에서 운전했을 때	여유 있게 출발했고 차분한 음악을 들었으며 차선 변경을 많이 하지 않았다

이 목록을 작성하면서 라파엘은 과거에도 불안한 경험을 숱하게 겪었지만 결국은 무사히 극복해왔다는 사실을 깨달았다. 또한 그동안 사용했던 다양한 대처 전략을 다시 떠올리게 되었다. 분명 그는 불안 앞에서 무력하고 나약한 존재가 아니었고, 과거의 그는 남에게 의존하지 않고 자신을 믿고 행동했다. 우리가 지속적인 불안에 사로잡혀 회피와 의존을 주된 대처 방식으로 사용하면, 과거에 얼마나 성공적으로 불안에 대처했는지, 그리고 우리가 얼마나 유능한 존재였는지를 잊기 쉽다.

라파엘은 아내에게 지나치게 의존하는 자신이 부끄러웠다. 그리고 이 의존증이 결혼 생활의 큰 부담으로 작용하는 것도 사실이었다. 그는 이런 의존성을 줄이는 것이 자신감을 회복하고 그가 불안의 무력한 희생자가 아니라는 사실을 믿게 되는 데 중요한 역할을 할 것임을 알았다. 또한 결혼 생활에도 긍정적인 변화를 불러오리라고 생각했다.

결국 우리는 경험을 통해 가장 잘 배운다. 라파엘이 안나에게 의존하던 모든 상황을 목록으로 작성하고 하나씩 해결해나가는 '점진적 소거extinction 프로그램'이 그의 의존성을 줄이는 최선의 방법이었다. 라파엘은 먼저 안나에게 의존해야 한다고 느끼는 모든 불안 유발 상황을 목록으로 작성했다. 이 목록에는 운전, 슈퍼마켓, 쇼핑몰, 식당, 밤에 집에 혼자 있기, 친구와 커피를 마시는 약속 등이 포함되었다. 다음으로 '안나 없이는 절대 할 수 없는 일'에서부터 '안나가 옆에 있으면 좋겠고 어느 정도 불편함을 견뎌야겠지만 혼자 해낼 수 있는 일'까지 상황들을 난이도에 따라 정렬했다.

라파엘은 목록의 가장 아래 있는 상황을 선택해 1~2주 동안 매일 또는 한 주에 여러 차례, 안나가 근처에 없어도 해야 할 일을 잘해내는지 시험했다. 그는 가장 먼저 '밤에 최소 1시간 동안 집에 혼자 있기'에 도전했다. 안나가 저녁에 아이들을 어딘가에 데려다 줄 때 라파엘은 보통 집에 혼자 있고 싶지 않아 안나를 따라나가곤 했지만 이제 집에 혼자 있기 '연습'을 하는 것이다. 그는 안나가 밖에서 일을 처리하는 동안 혼자 있는 시간을 점차 늘림으로써 난이도를 높일 수 있었다.

마침내 라파엘은 목록에서 '안나 없이는 절대 할 수 없는 일' 항목까지 이르게 되었다. 이를 위해 그는 이 작업을 여러 단계로 세분화하여 독립성을 서서히 높이는 전략을 사용할 필요가 있다. 예를 들어, 그가 안나 없이 쇼핑몰에 가는 것을 두려워한다면 그는 다음과 같은 단계를 통해 독립성 문제를 극복할 수 있다.

- 안나와 함께 쇼핑몰에 가되, 안나는 벤치에 앉아 있고 라파엘은 혼자서 근처 매장에 들어가 10분 정도 머문다. 이 과정을 반복하면서 매장에 혼자 있는 시간을 점차 늘려나간다.
- 안나가 푸드코트에서 커피를 마시는 동안 라파엘은 혼자 쇼핑몰을 돌아다니고 잠시 안나의 시야에서 벗어날 정도로 멀리 가본다. 이 과정을 반복하며 안나와 떨어져 있는 거리를 조금씩 늘린다.
- 안나와 라파엘이 각자 쇼핑을 하지만 둘 다 휴대폰을 갖고 있으므로 라파엘은 필요할 때 안나에게 연락할 수 있다는 사실을 알고 있다.

- 안나가 차 안에서 기다리는 동안 라파엘은 혼자 쇼핑몰에 들어간다.
- 안나가 쇼핑몰에 라파엘을 내려주고 다른 일을 보러 간다.

라파엘의 목록에는 위와 같은 단계적인 방법으로 접근할 수 있는 상황도 있지만 점진적인 접근이 힘든 상황도 있다. 예를 들어 친구와 커피를 마시는 만남은 '하거나 말거나'의 선택일 뿐, 점진적으로 연습하는 방법을 상상하기 어렵다. 라파엘은 목록에 포함된 구체적인 활동들을 해나가며 독립성과 자신감을 쌓을 때까지 이런 활동을 미뤄두었다.

라파엘은 다음 단계로 넘어갈 때마다 불안감이 급증할 것을 예상할 수 있다. 사실 라파엘이 어느 정도 불안을 느끼는 것은 중요하다. **불안을 피하지 않고 직접 겪으며 헤쳐나가는 과정만이 그가 생각했던 것처럼 불안에 무력하지 않다는 사실을 배울 수 있는 유일한 방법이**다. 궁극적으로 안나 없이 불안에 맞서는 법을 익히는 것은 라파엘의 자신감에 크게 기여할 것이다. 그의 경험은 문제없이 수행하는 일상 활동을 위해 안나가 필요하지 않다는 사실을 가르쳐줄 테니까.

나를 되찾고 관계를 재정립하기

불안을 용기 있게 마주하기 전까지 라파엘은 자신이 안나에게 지나치게 의존한다는 사실에 낙담하여 집안일과 결정에서 물러나 있었다. 그는 불안 때문에 위험을 회피했다. 자신의 판단력을 의심했고 실수를 두려워했다. 그래서 안나가 육아, 재정, 사회 활동, 친척 관계, 집수리 등 모든 일을 떠맡아야 했다. 안나가 라파엘과 함께 결정을 내리려고 할 때도 그는 그저 조용히 자리를 떠날 뿐이었다. 의사 결정이 주는 스트레스를 감당할 수 없고 너무 불안해진다는 이유였다.

그러나 어느 순간 라파엘은 불안에서 완전히 회복되기를 기다리는 대신, 가족 관계를 회복해야 한다고 생각했다. 그는 작은 것부터 시작해 조금씩 안전지대를 빠져나와 점진적으로 자신감을 키워나갔다. 사소한 결정에도 참여하기 시작해 정원 관리와 잔디 깎기, 겨울철 눈 치우기, 식사 준비 돕기에 대해서도 논의하고, 가족이 함께 볼 영화를 추천하고, 아이들의 취침을 도왔다. 라파엘은 논의를 외면하는 대신 의견을 제시한 후 안나와 함께 결정을 내렸다. 라파엘이 사소한 책임과 결정 과정에 점차 참여할 수 있게 된 후, 그는 재정 관리, 차를 수리해야 할지, 아니면 새 차를 구매할지, 독해력이 부족한 딸에게 무엇이 필요한지 등 더 복잡한 문제로 단계를 높여갔다.

이 과정의 마지막 단계는 가정과 직장 문제에서 더욱 적극적으로 나서는 것이었다. 가령, 그는 딸의 보충 독서 계획을 위해 학교 담임선생님과 의논하는 일을 담당하기로 했다. 물론 이런 적극적인 관여는 실패할 위험도 따르는 일이다. 하지만 위험을 감수하는 일은 두려움과 불안에 대한 효과적인 해독제다.

불안 무력감은 불안을 어떻게 다룰지에 대한 문제를 넘어 광범위한 영향을 미친다. 자신이 정서적으로 약하고 무력하다고 믿으면 일하는 방식, 타인과의 관계, 가족에 대한 친밀도, 육아 및 가사 참여도에까지 타격을 입힌다. 신체 건강 관리에 대한 동기와 관심도 약해질 수 있다. 라파엘처럼 스스로 약하고 불안에 취약하다고 믿으면 회피 행동이 시작되고 다른 사람에게 의존하게 된다. 이는 자신이 약하다는 생각을 강화할 뿐만 아니라 주변 사람들도 당신을 정서적으로 취약한 사람으로 대하게 된다. 이런 과정을 통해 불안이 극복 불가능한 문제라는 믿음이 커지는 악순환에 빠지게 된다. 따라서 불안 무력감을 극복하기 위한 전략에서는 **불안하고 무력한 자기 인식에서 불안을 다룰 수 있는 자아로의 전환**이 매우 중요하다.

일상 회복을 향한 생각 연습

불안 무력감의 악순환에 갇혔다면 이 장에서 다룬 세 가지 전략을 활용해보자. 연습을 설계할 때 다음과 같은 점도 고려하기를 바란다.

불안을 예상한다

연습에서 효과를 거두려면 불안 무력감에 맞서면서 최소한 어느 정도의 불편함을 느껴야 한다. 목표는 불안을 견디는 법을 배우는 것이며, 불안을 경험하지 않고서는 내성을 키울 수 없다.

체계적으로 접근한다

몇 주의 연습 기간을 염두에 두고 계획을 수립하는 것이 중요하다. 예를 들어 4~8주 동안 지속적으로 도전할 단계들을 미리 생각해 글로 작성한다.

반복하고 반복하고 또 반복한다

반복은 이 연습의 핵심이다. 첫 번째 시도가 벅차게 느껴져도 포기하지 말고, 더 쉬운 단계로 조정해 점진적으로 난이도를 높이는 방법을 모색해야 한다. 그리고 자신에게 인내심을 갖고 친절하게 대할 필요가 있다. 시간이 걸리고 좌절이 따르더라도 계속하기로 결심해야 한다. 두려움에 맞서는 것은 힘든 일이다. 따라서 연습하다 지치는 것을 자연스러운 현상으로 받아들여야 한다.

자기 성찰을 꾸준히 한다

이 연습은 불안을 견딜 수 있는 자기 능력에 대한 믿음을 바꾸는 것을 목적으로 한다. 연습을 진행하며 이런 과제 수행 경험이 당신의 성격, 강점, 능력에 대해 무엇을 말해주는지 기록해보자. 생각했던 것보다 당신이 정서적으로 강하다는 사실을 발견했는가? 생각보다 불안을 다루는 능력이 더 뛰어난가? 그 답이 어느 정도라도 '그렇다'에 해당한다면, 당신은 불안 무력감에 대한 믿음에 강력한 타격을 가한 것이다.

본래 내가 가진 유능함을 일깨우기

다음 페이지의 표 왼쪽 칸에는 과거에 불안함을 느꼈지만 감정적 고통에 대처하거나 이를 견뎌냈던 경험들을 적어보자. 그리고 오른쪽 칸에는 당신의 불안을 견디고 '헤쳐나가기 위해' 사용했던 전략 및 기술을 적어보자. 이 목록을 작성하면서 불안을 비롯한 **어려움들을 다루기 위해 과거에 사용했던 대처 전략들**을 떠올리게 될 수 있으며, 당신이 얼마나 유능한 사람인지를 다시금 깨닫게 될 수도 있다.

불안을 극복한 과거의 경험	불안을 견디기 위해 사용한 전략/기법
불안을 극복한 과거의 경험	불안을 견디기 위해 사용한 전략/기법

5장

최악의 결과를 떠올리는 습관 버리기

재앙화 생각 회로에서 벗어나는 법

재앙화
Catastrophizing

자신이나 중요한 사람에게 끔찍한

최악의 일이 일어날 수 있다고 확신하며

그 생각에 집착하는 경향

홍수, 허리케인, 전쟁, 치명적인 교통사고, 사랑하는 사람의 갑작스럽고 예상치 못한 죽음… 누군가의 인생을 송두리째 바꿔놓는 비극적인 사건들이 있다. 이런 일을 겪은 사람이라면 누구나 세상이 무너져 내린 듯한 절망에 빠지고, 다시는 원래 상태로 회복할 수 없으리란 생각이 드는 게 당연하다. 나만은 아니길 바라지만 이런 재앙 같은 일들이 삶에 종종 찾아오기도 한다.

하지만 실제가 아니라 머릿속에서 재앙 같은 사건들이 반복해서 일어난다면 어떨까? 또 다른 형태의 재앙임이 분명하다. 머릿속에 존재하는 재앙, 우리는 이를 '재앙화 catastrophizing'라고 부른다. 혹자에게는 과대망상에 가깝게 느껴지거나 나에게는 일어나지 않을 예외적인 일처럼 생각될 수도 있다. 그러나 지금도 수백만 명의 사람들이 잠재적인 재앙을 예상하면서 실제로 겪는 역경만큼이나 고통스러워하고 있다.

재앙화 사고는 **끔찍한 불행이 곧 벌어질 것이라는 전제** 위에서 작동한다. 재앙화에 빠진 사람은 정기검진 중에 의사가 추가 검사를 권하면 곧바로 자신이 암일 것이라고 단정한다. 10대 자녀가 귀가 시간이 지나도록 돌아오지 않는다면 무슨 큰일이 일어난 게 분명하다고 난리법석을 떤다. 배우자가 평소보다 말이 없으면 바람을 피우는 게 아닐까 하는 의심이 머릿속을 떠나지 않는다. 이것이 바로 데브라가 겪는 문제였다.

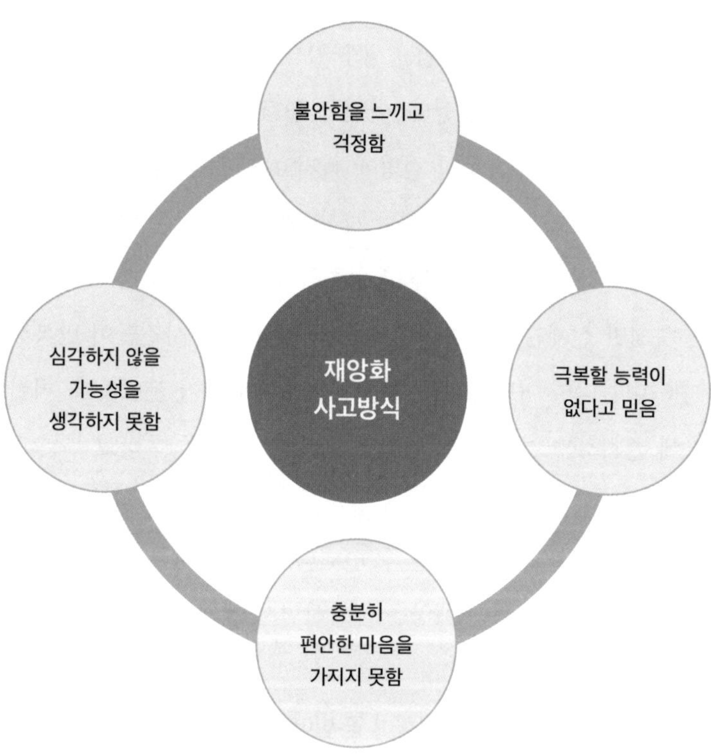

불길한 예감에 사로잡힌 데브라의 이야기

"당신의 인생을 한 문장으로 정의해본다면 뭐라고 하겠어요?"

한참을 망설이더니 데브라는 이렇게 말했다.

"음… 글쎄요. 평범하고 예측 가능해서 조금은 지루하지만, 두려움과 불길한 예감으로 가득 찬 삶?"

데브라의 대답은 모순적이다. 위기나 역경 없는 일상이 두렵고 힘겹다니. 누구나 일상에서 스트레스를 받고 실망할 일도 있지만, 재앙화가 습관이 된 데브라의 삶은 유난히 더 힘들게 느껴졌다. 문제가 무엇이든, 난관이 무엇이든 데브라는 매일 맞닥뜨리는 사소한 일부터 중대한 문제에 걸쳐 모든 일에 항상 최악을 예상했다.

가령 최근 마트에 갔을 때 그녀는 분명히 매장이 붐비고 계산대 줄이 정말 길 것이라고 확신했다. 그러면 병원 진료 시간에 또 늦을 것이고, 인내심의 한계에 부딪힌 의사가 더 이상 진료를 보지 않겠다고 하면 어쩌나 걱정했다. 차에 문제가 생겼을 때는 수리비가 엄청나게 나올 거라거나, 부품 재고가 없어서 차를 고치지 못할 거라거나, 그로 인해 재정 상태가 빠듯해질 거라는 최악의 시나리오를 상상하며 괴로워했다.

'출근하려면 차가 필요한데 어쩌지!' 그러자 직장으로 걱정이 옮겨갔다. 요즘 직장에서 구조조정 이야기가 돌고 있는데, 데브라는 그녀가 해고 1순위일 것이라 확신했다. 50대 초반의 그녀는 이 직장에서 해고당하면 새로운 직장을 구할 가능성은 '제로에 가깝다'고 단정 지었다.

그녀의 재앙화 사고방식은 외부에서 일어나는 사건에만 그치지 않았다. 건강 문제에 대해서도 데브라는 최악을 상상했다. 예상치 못한 통증이 생기면 암 같은 치명적인 병이 생겼을 거라고 걱정했다. 모든 측면에서 재앙을 상상했고 그것이 그녀가 불안함과 걱정을 안고 사는 이유였다.

데브라는 그녀의 비관주의와 부정적 사고가 삶의 질과 인간관계를 갉아먹고 있다는 것을 알고 있었다. 그녀 또한 긍정적이고 낙관적인 사람이 되고 싶지만 그게 가능할 리 없었다. 그녀의 생각이 자동으로 가장 부정적인 미래를 그리기 때문이다. 그녀의 앞날은 잿빛이었고, 디스토피아 그 자체였다.

그녀에게는 긍정적인 상황보다는 최악의 상황이 발생한다고 보는 것이 더 현실적으로 느껴졌고, 최악이 아닌 것을 상상하는 것은 자신을 속이는 것 같았다. 최악의 결과를 상상하면 불안감이 들고, 다시 불안감은 그녀의 상상 속 재앙을 진지하게 고려해야 한다는 신호로 받아들여졌다. 그렇게 데브라는 걱정하고 최악의 결과를 대비하느라 많은 시간을 들였다.

그런데 문제는 데브라가 **최악을 대비한다고** 해서 **상황이 나아지는 것이 아니라는 점**이었다. 고등학생인 그녀의 아들은 성적이 형편없었다. 학교가 지루하고 싫다며 등교도 제대로 하지 않았고 숙제 따위엔 손도 대지 않았다. 작년에도 성적이 크게 떨어져서 유급을 앞두고 있는 지경이었다. 게다가 요즘엔 새로운 친구들과 어울리느라 가족은 본체만체했다.

데브라는 끊임없이 아들을 걱정했다. 그녀는 새 친구들에게서 '나쁜 영향'을 받으면 안 된다고 잔소리를 해댔지만, 아들이 그 말을 들을 리 없었다. 엄마의 걱정스러운 말이 이어지면 아들은 짜증을 내며 버럭 소리를 지르고 집을 나가버렸다. 남편은 아이들이 다 그럴 때가 있다며 데브라의 걱정에 공감하지 않았다.

데브라는 아들이 마약이나 술에 빠질까 전전긍긍하며 밤마다 잠을 이루지 못했다. 재앙을 상상하는 그녀의 머릿속에는 아들이 학교를 중퇴하고 중독자가 되어 거리를 방황하는 최악의 시나리오가 그려졌다. 그런 끔찍한 상상이 너무 생생해서 마치 피할 수 없는 현실처럼 느껴졌다. 특히 아들이 반항하거나 몇 시간 동안 눈에 보이지 않으면 불안감과 걱정은 눈덩이처럼 커졌다. 집에 있으면 그나마 안심이었지만 아들은 점점 더 집을 비우는 날이 많아졌고, 데브라의 불안감은 더더욱 커져갔다.

데브라의 재앙화 사고방식은 데브라를 끝없는 불안과 걱정 속에 가두었다. 그녀는 항상 앞날에 대해 불안해하고 불길한 예감에 시달렸다. 밤잠을 설치고 위장 장애에 시달리며, 불안이 극에 달하면 불안 발작까지 겪었다. 그녀는 아들의 학업 문제를 포함하여 앞으로 일어날 일이 걱정되어 일상 속 문제 해결에도 고전하고 있다.

직장에서도 업무에 집중하기가 어려워졌고, 작은 결정도 내리기 두려워졌으며, 사소한 문제에도 압박감을 느끼는 경우가 많았다. 이 모든 불안과 걱정의 근원은 불확실한 미래에 대한 집착이었다. 그녀는 언젠가 재앙이 닥쳐 그녀의 삶을 영영 바꿔버릴 것이라는 두려움에 사로잡혀 있었다.

우리 모두는 불확실성이 커지는 시대를 살아가고 있다. 누구나 앞날을 알지 못하고, 작고 큰 변수와 변화가 존재하기 마련이며, 미래에 대한 걱정을 하나도 하지 않는다는 태평한 사람은 어딘가 모자라 보이기까지 하다. 하지만 데브라처럼 미래에 대한 걱정에 사로잡혀 걱정과 불안에 휩싸인 것 같은 느낌이 들 때가 있다면, 재앙화 사고방식을 점검해볼 필요가 있다.

재앙화 사고방식이 한 가지 특정한 주제에만 작동할 수도 있다. 어떤 사람은 건강 이슈에 대해서만, 돈 문제에 대해서만 재앙을 상상하고, 또 어떤 사람은 연인 관계나 자녀의 미래에 대해서만 최악의 경우를 떠올린다. 그 결과, 건강 염려증자라거나 재정 결벽증자, 의처증자나 강박증자 같은 행동을 보이고 있을 수도 있다. 반면에 또 다른 사람은 일상의 모든 활동과 결정에서 최악을 상상하고 있을지도 모른다. 데브라가 그랬던 것처럼.

이것은 사실일까, 아니면 생각일까

이제 재앙화 사고방식에 빠진 데브라가 상상 속의 재앙을 여러 가능성 중 하나로 받아들이고, 어려운 상황이 생겼을 때 가장 현실적인 결과를 다룰 수 있도록 자신감을 키워가는 과정을 살펴볼 것이다. 이것은 **상상 속 재앙을 불가피한 일이 아니라 한 가지 가능성으로 받아들이는 것, 대부분의 재앙적 예측이 틀렸다는 사실을 깨닫는 것**으로부터 시작할 수 있다.

데브라는 그녀가 상상하는 '최악의 결과'는 단지 생각이자 마음에서 만들어진 산물이지, 미래에 대한 사실이 아니라는 것을 인지하는 데서 재앙화 습관 허물기를 시작했다. 상상하는 결과는 가능성이지 현실이 아니다. 재앙적 생각이 실제로 일어날 것처럼 느껴진다고 해서 반드시 현실이 되는 것은 아니다.

데브라는 '이런 일이 일어날 거야'에서 '난 이런 일이 일어날 수도 있다고 상상하고 있는 거야'로 관점을 바꾸기 위해 간단한 전략을 사용했다. '만약 이런 일이 생기면 어떡하지?'라는 생각이 들 때마다 그 말을 '나는 [최악의 사건]이 일어날 수 있다는 생각을 하고 있어'라는 문장으로 대체하는 것이었다. 예를 들어, 그녀는 아들이 마약에 중독된 노숙자로 거리를 떠도는 모습을 상상하며 그의 미래를 걱정했고, 그런 모습을 머릿속에 떠올리면서 불안과 걱정을 키우고 깊은 무력감을 느꼈다. 이제 데브라는 이렇게 생각한다.

나는 내 아들에 대해 부정적인 생각을 하고 있어. 이건 단지 생각일 뿐이야. 나는 아이의 미래가 어떻게 될지 알 수 없어. 앞으로 많은 어려움과 난관이 있겠지. 내가 겪은 것보다 더 어려운 청소년기를 보내게 될지도 몰라. 내 마음은 마약 중독보다 더 나쁜 상상도 만들어낼 수 있어. 살인과 같은 끔찍한 범죄를 저지른다든지, 테러리스트가 되거나 총기 사건을 일으킬 수 있을 거라고까지 상상의 나래를 펼 수 있잖아. 내 상상력은 너무 대단해서 하늘을 나는 코끼리도 떠올릴 수 있지. 그렇다고 하늘을 날아다니는 코끼리가 진짜 존재하거나 현실에서 나타날 리 없잖아. 내 아들의 어두운 미래를 상상하는 것도 마찬가지야. 내가 상상할 수 있는 수많은 재앙이 있지만, 그건 어두운 환상일 뿐이지 현실은 아니야. 나는 이런 생각을 사실이 아닌 '하늘을 나는 코끼리'라고 생각하겠어.

데브라는 이런 자기 대화 전략을 사용하면서 재앙화에 대한 관점을 바로잡아나갔다. 재앙화는 단지 여러 가능성 중 하나일 뿐이며, 그것이 반드시 일어날 일이 아니라고 자신에게 상기시키는 것이다.

미래를 내다보는 '예측 일기' 쓰기

재앙화는 본질적으로 예측이며, '분명 [재앙]이 일어날 거야'라고 미래를 바라보는 관점이다. 데브라는 무언가 문제가 생길 때마다 항상 비관적인 예측을 했다. 직장에서 구조조정에 대한 소문을 들었을 때, 그녀는 자신이 가장 먼저 해고될 것이라고 확신했다. 몇 분 늦게 집에서 나왔을 때는 교통 체증이 심해 결국 지각하고 중요한 아침 회의에 허둥지둥 들어갈 자신의 모습을 떠올렸다. 상사가 갑자기 불렀을 때도 그녀는 큰 문제가 생길 것이라고 예상했다. 데브라처럼 자신이나 사랑하는 사람들에게 최악의 일이 닥칠 거로 예측하는 사람이라면 이런 질문을 떠올릴 필요가 있다.

- 과연 내가 떠올린 재앙적 예측이 얼마나 자주 맞을까?

이 질문을 연습하고 자신의 예측을 검증하는 좋은 방법은 '예측 일기'를 쓰는 것이다. 데브라의 경우, 먼저 과거에 겪었던 몇 가지 심각한 문제나 어려움을 목록으로 작성했다. 그런 다음, 각 항목 옆에 불안과 걱정을 불러왔던 재앙적 예측을 적었다. 마지막으로 세 번째 칸에는 실제로 일어난 결과를 기록했다.

목록을 작성하고 나니 데브라는 최근에 했던 수많은 부정적인 예측을 쉽게 떠올릴 수 있었지만, 놀랍게도 그중 실제로 재앙이 된 일은 거의 없었다. 실제 일어난 결과는 예상보다 훨씬 덜 부정적이었다. 이 경험을 통해 데브라는 생각하게 되었다. '왜 이렇게 부정확한 예측에 시간을 허비하고 있었던 걸까?'

이 연습은 자신의 재앙화 사고방식이 정확한 예측이 아니라는 점을 일깨운다. 하지만 이것이 '그런 일은 절대 일어나지 않을 거야'라고 자신을 안심시키려는 연습이 아니라는 점에 주의를 기울여야 한다. '이런 일이 일어날 리 없어'라고 반복하는 것은 도움이 되지 않는다. 이 연습의 핵심은 재앙화 사고방식이 정확하지 않음을 인식하는 것이다. 재앙화 습관이 있는 사람은 **최악의 상황이 일어날 가능성을 과대평가**하며, 결국 발생하지 않을 재앙에 대비하느라 많은 시간과 정신적 에너지를 낭비할 수 있다.

프레임에서 벗어나 생각하기

재앙화 사고는 마치 브레이크 없는 열차와 같아서 제어할 방법을 한번 놓치면 멈추기가 어렵다. 데브라도 은퇴에 대한 불안과 걱정으로 이런 상황을 겪었다. 안정된 노후를 위해 넉넉한 은퇴 자금을 마련해야 한다는 생각이 항상 그녀의 머릿속을 떠나지 않았다. 그녀는 자신과 남편이 은퇴 자금을 충분히 저축하지 못하고 있다고 걱정했다. 부모님이 노년에 겪었던 경제적 어려움을 직접

목격했던 데브라는 자신과 남편이 65세가 되었을 때 투자 실패로 모아놓은 돈을 모두 날리고 70대 후반까지 억지로 일해야 하는 상황만을 늘 상상했다.

데브라는 이런 재앙화 사고의 덫에서 벗어나기 위해 그녀가 은퇴하면 현실로 일어날 여러 가능성을 '브레인스토밍'했다. 중요한 점은 긍정적인 결과뿐만 아니라 **다양한 가능성을 생각**해보는 것이다. 예를 들어, 데브라는 2~3년쯤 더 일을 해야 할 수도 있고, 생활비를 줄이기 위해 넓은 주택을 팔고 비좁은 아파트로 이사해야 할 수도 있으며, 평생 계획해온 '노후의 버킷리스트'가 부질없어질 수도 있다. (이런 대안들은 부정적이긴 하지만 재앙적인 상황만큼 심각하지는 않다.) 대안 목록을 작성한 후, 데브라는 목록을 검토하며 가장 가능성 높은 결과를 고려했다. 이후 그녀는 재앙화 사고로 머릿속이 가득 찰 때마다 목록을 검토하며 더 현실적인 결과들을 떠올렸다.

이 전략은 일어날 가능성이 높은 결과에 집중할 때만 효과가 있다. 그 결과가 당신이 바라는 만큼 바람직하지 않더라도 말이다. 긍정적인 시나리오만을 떠올리는 것이 도움이 되지 않을 때가 많다. 가장 바람직한 결과는 재앙적인 결과만큼이나 현실이 될 가능성이 낮기 때문이다. '우리는 현명한 투자 덕분에 자산을 크게 불린 후 은퇴하겠지. 세계 여행을 하고 겨울마다 따뜻한 곳에서 휴가를 보내며 80대까지 건강하게 살 거야'와 같은 최상의 시나리오도 있을 수 있다. 하지만 그녀가 집중해야 하는 것은 바람직하지 않을지라도 가장 일어날 가능성이 높은 결과다. 재앙화 사고를 한다면 어떤 상황도 감당하기 힘들 것으로 생각하겠지만, 그녀는 이제 그것을 감당할 수 있다는 사실을 깨달을 필요가 있다.

최악의 결과를 떠올리는 습관과 거리두기

도전과 어려움에 직면했을 때 최악의 상황만 떠올리며 종종 생각 감옥에 갇힌다면, 온갖 다양한 결과 중에서도 최악의 결과만이 더 현실적으로 느껴진다면, 지금이 불안한 사고방식을 바꿀 때다. 다음 단계를 실천해보는 것만으로도 재앙화 프레임에서 빗겨날 수 있게 될 것이다.

재앙화 사고방식에서 벗어나는 연습

- 1단계: 현재 당신의 불안과 걱정의 원인이 되는 모든 문제, 어려움, 상황의 목록을 작성한다. 이를 '불안·걱정 우려 사항'이라 부른다.
- 2단계: 각 우려 사항과 관련된 '최악의 시나리오'를 간략히 기록한다. 이는 각 우려 사항에 대해 당신이 예측하는 최악의 결과를 말한다.

- 3단계: 다음의 세 가지 전략을 활용해 재앙화 사고 편향을 완화한다. ① 사실과 생각을 구분하기, ② 예측 일기 작성하기, ③ 프레임에서 벗어나 생각하기.
- 4단계: 재앙화 사고가 시작될 때마다 이 방법을 연습한다. 재앙은 생각일 뿐이지 현실이 아니라는 것을 떠올린다. 최악의 상황보다 그보다 덜 부정적인 상황이 현실이 될 가능성이 더 높으며, 당신은 이런 상황을 감당할 수 있는 대처 능력을 갖추고 있다. 과거에도 그랬듯 당신은 이번에도 생각했던 것보다 잘 극복해낼 것이다.

재앙화 사고는 특히 만성적으로 걱정을 많이 하는 사람들에게 고치기 어려운 습관이다. 하지만 좋은 소식은 이 장에서 설명된 도구들을 사용하면 마음의 습관도 바꿀 수 있다는 것이다. 다만 연습과 인내심이 필요하다.

재앙화 사고를 촉진하는 또 다른 불안 유발 경로가 있다. 종종 미래에 대해 생각할 때 불안감으로 가득 찬다면, 그것은 미래를 알 수 없기 때문일 가능성이 높다. 앞으로 일어날 일을 알기만 안다면 준비할 텐데 말이다. 미래를 알 수 없다는 이유로 최악의 상황을 대비하려고 한다.

재앙화 성향과 불확실성에 대한 인내력 부족은 불안감 상승을 촉진하는 쌍둥이 경로다. 다음 장에서 불확실성에 대한 인내력 부

족에 대해 알아보면서 이 두 가지 불안 경로를 함께 다루어 미래
에 대한 불안과 걱정을 줄이는 방법을 배워볼 것이다.

족에 대해 알아보면서 이 두 가지 불안 경로를 함께 다루어 미래
에 대한 불안과 걱정을 줄이는 방법을 배워볼 것이다.

나의 예측은 얼마나 정확했는가?

불확실한 미래에 일어날 최악의 시나리오를 떠올림으로써 불안과 걱정에 휩싸이는 것을 재앙화 사고방식이라고 부른다. 재앙화 사고의 덫에서 벗어나기 위해서는 상상 속의 재앙을 여러 가능성 중 하나로 받아들이고 현실감과 자신감을 키울 필요가 있다. 이를 위해 내가 떠올린 재앙적 예측이 얼마나 자주 맞는지 검증하는 '예측 일기'를 써보기를 권한다.

다음의 예측 일기의 첫 번째 칸에는 '과거에 겪었던 몇 가지 중요한 문제, 쟁점, 또는 어려움'을 적어보자. 그리고 두 번째 칸에 불안과 걱정을 만들었던 최악의 결과, 파국적인 예측을 적어보자. 마지막으로 세 번째 열에는 실제로 일어났던 결과를 기록해보자. 이 예측 일기를 쓸 땐 예측이 얼마나 정확했는지 점검하는 것이 중요하다.

내가 겪었던 문제	내가 했던 파국적인 예측	실제 일어난 결과

결과는 어떤가. 사실 재앙은 일어나지 않았다. 단지 당신의 상상 속에만 있을 뿐.

파국적인 생각의 덫에서 벗어나기 위해, 당신이 두려워하는 잠재적인 결과와 관련된 다른 가능한 결과들의 전체 목록을 브레인스토밍 해보자. 긍정적인 결과뿐만 아니라 가능한 모든 범위의 결과에 대해 생각하도록 노력해보길 바란다.

내가 두려워하는 결과

다른 가능한 결과들

내가 두려워하는 결과

다른 가능한 결과들

내가 두려워하는 결과

다른 가능한 결과들

내가 두려워하는 결과

다른 가능한 결과들

내가 두려워하는 결과

다른 가능한 결과들

6장

불확실성의 함정에서
빠져나오기

불확실한 미래를 견디는 인내심 키우기

불확실성에 대한 인내력 부족
Intolerance of uncertainty

새로운 상황, 모호한 상황, 예측할 수 없는 상황을

겪을 때 강렬한 불안이나 고통을 느끼며

이를 견디지 못하는 상태

아래의 두 가지 선택지 중 하나를 고른다면 당신은 어느 쪽을 택하겠는가?

1번. 결과가 나쁠 가능성이 높지만 결과를 즉시 알 수 있다.

2번. 기다리면 더 나은 결과를 얻을 가능성이 높아지므로 결과를 모르는 채로 당분간 불확실성을 견딘다.

대답은 당신이 불확실성을 얼마나 잘 견디는지에 따라 달라질 것이다. 그동안 간절히 원하던 승진 면접이 있을 예정이라고 가정해보자. 승진에서 탈락했다는 소식을 바로 듣는 편이 낫겠는가? 아니면 2주 동안 승진 심사 위원회가 후보자들을 검토하는 것을 기다린 후 결과를 들어보겠는가? 만약 당신이 불확실성에 대한 인내력이 낮다면, '결과를 모르는 상태'에서 오는 불안과 걱정이 커서 차라리 나쁜 소식을 지금 당장 듣는 편을 택할 것이다.

왜 어떤 사람들은 기다리면 더 좋은 결과를 맞을 가능성을 포기하고 당장 나쁜 소식을 들으려 할까? 불확실성에 대한 인내력이 부족한 사람들이 있다. 여기에는 여러 요인이 작용하지만 이들에게는 공통적으로 새로운 상황, 모호한 상황, 예측할 수 없는 상황이 위협적으로 느껴져 불안해진다. 머릿속에서는 '만약 그러면 어쩌지?'라는 질문이 끊임없이 떠오르고, 그 모든 가능성이 부정적으로 보인다.

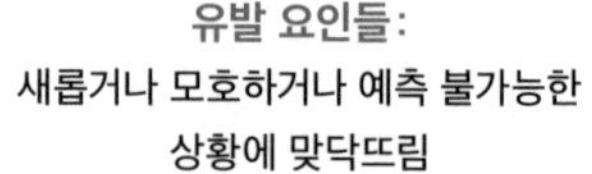

불확실성에 대한 인내력 부족을 느끼는 생각 회로

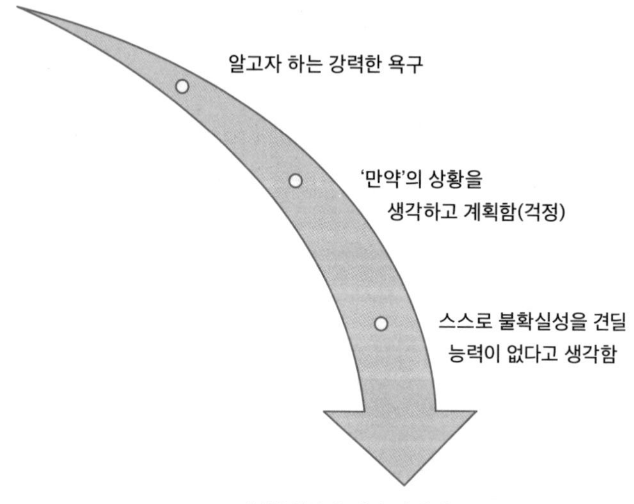

이들은 지금 당장 무슨 일이 일어날지 꼭 알아야 한다고 생각하며, 불확실성을 견딜 수 없다고 느낀다. 불안의 함정에서 벗어나기 위한 유일한 방법은 가능성이 높은 결과를 예측하고 이에 대비하기 위한 계획을 세우는 것이다. 걱정은 미래의 재앙에 대비하기 위해 노력하는 과정으로 여겨지지만, 불확실성에 대한 인내력 부족과 걱정은 이런 노력과 떼려야 뗄 수 없는 강한 연관성을 가진다.

불확실성에 대한 인내력 부족이 걱정과 긴밀한 연관성이 있다는 점은 티에라의 이야기에서도 잘 드러난다. 티에라는 알고자 하는 욕구가 강한 편이다. 새로운 일이나 예측할 수 없는 사건은 티에라에게 감당할 수 없는 불확실성으로 다가오고, 불안과 걱정을 유발한다. 그녀의 세상은 다른 사람들과 마찬가지로 불확실성으로 가득 차 있다. 그래서 티에라는 미래를 생각할 때마다 지속적으로 불안과 걱정을 느꼈다.

예측 불가를 못 견디는 티에라의 이야기

티에라는 대학을 졸업한 후 하급 사무직으로 일하는 독신 여성이다. 그녀의 삶은 무척이나 단조로워서 누군가 그녀를 관찰한다면 지루해서 하품을 연거푸 내쉴지도 모르겠다. 그녀의 부모는 그녀가 잠재력을 충분히 발휘하지 못했다고 생각했다. 하지만 티에라는 지금의 삶이 더 좋다고 여긴다.

그녀는 모험을 극도로 싫어하고 체계적이고 구조화된 예측 가능한 삶을 선호한다. 항상 안전한 길을 택하며, 깜짝 놀랄 일을 싫어하고, 가능한 한 위험을 피하려 한다. 그녀는 하루하루가 계획적이고 규칙적이며 예측 가능할 때 가장 편안함을 느낀다. 예상치 못한 일이 발생할 때 나타나는 불안과 스트레스가 크기 때문이다.

하지만 **문제는 삶을 항상 계획하고 예측할 수 없다는** 점이다. 예상치 못한 일이 언제든 일어날 수 있으며 미래는 항상 불확실하다. 이런 이유로 미래와 관련된 모든 일이 티에라에겐 불안 요인이었다. 알고자 하는 욕구는 큰데 불확실성을 견디지 못하는 성향이 결합되니 평온한 상태를 유지하기가 버겁다. '미지의 세계'는 미래를 다룰 능력이 부족한 그녀에게 늘 극심한 스트레스였다.

티에라는 확실히 불확실성에 대응하는 내성이 약하며, 이런 성향은 그녀 삶의 주요 영역들에 크나큰 영향을 미쳤다. 그녀에게는 친구가 몇 명밖에 없다. 새로운 친구를 사귀는 것이 그녀에게 큰 불안을 유발하기 때문이다. 티에라는 상대방이 자신을 좋아할지 싫어할지, 받아들일지 거절할지 확신할 수 없다는 이유로 새로운 친구를 사귈 위험을 감수하지 않는다. 게다가 사람들이 그녀에 대해 어떤 생각을 품고 있는지 어떻게 알 수 있겠는가!

몇 번의 연애 경험이 있지만 관계가 진지해질 기미가 보이면 헤어지고야 말았다. 티에라는 자신의 감정이 무엇인지, 상대방이 자신에게 맞는 사람인지 확신하지 못해서 안정적인 연애를 힘들어했다. 그래서 차라리 이별을 선택하곤 했다. 이별만이 자신의 삶에서 불안을 줄이는 유일한 해결책처럼 느껴졌기 때문이다.

인간관계뿐만 아니다. 티에라는 직장에서도 같은 문제를 안고 있었다. 직장 동료들은 티에라에서 승진 심사에 지원해보라고 권유했지만 그녀는 매번 단념하고 시도하지 않았다. 불확실성에 대한 두려움 때문이었다.

'그 일을 잘해내지 못하면 어떻게 될까?'

'승진 심사에 지원했는데 탈락하면 어떡하지?'

'만약 승진하게 되면 더 많은 책임이 생길 텐데, 보는 눈이 많아지고 직업 안정성이 떨어질 수도 있잖아?'

이런 걱정 끝에 티에라는 안전한 길만을 택하고 자신이 잘하는 하급 사무직 업무를 계속하는 것이 더 낫다고 판단했다.

티에라의 불확실성에 대한 인내력 부족은 평범하고 반복적인 일상에서도 드러난다. 그녀의 출근길은 항상 같다. 설령 더 막히는 길이라도 익숙한 경로를 고수한다. 여행도 거의 가지 않지만, 간혹 휴가를 떠날 때도 매년 같은 리조트를 찾는다. 식단 역시 단조롭고 변함이 없다. 새로운 음식을 시도하는 것을 꺼리기 때문이다. 공포 영화나 스릴러처럼 긴장감을 유발하는 영화도 될수록 피하며 뻔한 결말을 선호한다. 옷차림도 항상 그대로이고, 새로 유행하는 헤어스타일을 시도할 생각도 없다. 현재 살고 있는 아파트에서 10년째 거주 중이며, 이사를 하거나 집 안을 새롭게 꾸밀 생각도 거의 하지 않는다.

티에라가 선택을 고통스럽게 여긴다는 사실도 놀랍지 않다. 그녀는 가능한 선택지의 장단점을 고민하며 종종 결정을 미루곤 한다. 하지만 끝없는 분석은 도움이 되지 않고 그녀를 더 예민해지게 만들 뿐이다. 미래를 계획하고 싶지만 걱정이 앞선다. 시간이 흐를수록 티에라는 미래가 더욱 어둡고 무섭게 느껴진다. 불확실성에 대한 공포가 커지면서 불안과 걱정은 그녀의 하루하루를 잠식하고 있었다.

시간이 지나면서 티에라는 앞날을 예측하려는 자신의 강한 욕구가 정신 건강에 큰 영향을 미치고 있음을 깨닫게 되었다. 다행히도 그녀에게는 불확실성에 대한 인내력을 개선할 수 있는 전략이 존재한다. 자신이 생각보다 더욱 능숙하게 불확실성을 견딜 수 있다는 점을 인식하고, 이를 바탕으로 체계적인 방법으로 일상에 더 많은 불확실성을 주입하는 것이 주된 전략이다.

티에라가 불안을 극복하는 과정은 불안의 원인이 '불확실성에 대한 낮은 인내력'이라는 사실을 깨닫는 것에서 시작한다. 불확실성을 견디는 능력을 키우고, 모든 것을 미리 알아야 한다는 강박을 줄이고, 위험 회피 성향을 낮출 수 있다면 불안과 걱정을 덜어낼 수 있다.

확실하다는 착각에 맞서기

불확실성에 대한 인내력을 키우려면 가장 먼저 **'절대적인 확실성'을 추구하는 것이 불가능하다**는 사실을 인정해야 한다. 미래는 본질적으로 예측할 수 없는 것이기 때문이다.

티에라의 경우, 확실성을 추구하는 시도가 오히려 불안을 더 키운다는 점을 인식하는 것이 중요하다. 그녀가 원하는 것은 절대적인 사실이나 진리가 아니라 '알고 있다는 느낌'일 뿐이다. 하지만 감정은 주관적이고 순간적이기 때문에, 설령 미래를 확신한다고 느낀다고 해도 그 기분은 오래가지 않고 금세 다시 의심과 불확실성 속으로 빠져들게 된다. 확실성에 대한 인내심이 적어서 불안한 다른 사람들과 마찬가지로, 티에라는 확실성에 대한 인내심을 키우기 위해 그녀의 관점을 바꾸는 연습을 해야 했다.

자신의 일상을 영상으로 기록하는 것을 브이로그^{Vlog}라고 한다. 브이로그처럼 확실성을 기록하는 것을 '확실성 로그^{Certainty Log}'라고 이름 붙여보자. 불확실성에 대한 인내력을 키우는 첫 번째 단계는 '확실성 로그'를 작성하는 것이다. 이 기록을 통해 우리가 얻고자 하는 것은 불확실성이 반드시 나쁜 것이 아니라는 것을 깨닫고, 건강한 삶을 위해서는 오히려 적절한 수준의 위험과 불확실성을 받아들이는 것이 필수적이라는 사실을 깨닫는 것이다.

티에라는 먼저 일상에서 '확실하다는 기분'을 반드시 느끼지 않아도 해낼 수 있었던 활동과 결정을 떠올려보았다. 예를 들어, 그녀는 매일 출근할 때 직장까지 무사히 도착할 수 있을지, 평소보다 도로가 더 혼잡할지 아닐지 모르지만 차를 운전한다. 해킹을 당하지 않으리라는 보장이 없지만 온라인 뱅킹을 사용하고, 식료품이 어떻게 제조되었는지 알지 못한 채 안전할 것이라고 믿고 슈퍼마켓에서 식료품을 구매한다. 제대로 알지 못한 채 해나가는 활동과 결정이 수십 가지가 넘는다. 과연 티에라는 이미 수많은 상황에서 완벽한 확실성이 없어도 잘 살아가고 있었다! 그녀는 리스트를 정리한 후 이렇게 생각할 수밖에 없었다.

'이런 일들에는 불확실성을 받아들이면서 왜 새로운 경험이나 결정에서는 그렇게 걱정하고 불안해할까?'

티에라는 리스트를 꼼꼼하게 확인하면서 일상적인 활동에서 불확실성을 견딜 수 있었던 이유를 발견했다. 스스로 상황에 대처할 수 있다는 믿음이 있었고, 최악의 결과가 발생할 가능성이 낮다고 생각했다. 확실성 로그를 본다면 티에라는 이미 기본적인 수준의 불확실성 인내력을 갖고 있음이 분명했다. 이제 이를 새로운 상황이나 두려운 상황에서도 적용할 수 있도록 확장하기만 하면 된다.

새로운 상황에 대한 불확실성과 불안감이 느껴질 때 자신과 대화를 나누는 것이 좋은 방법이다. 예를 들어, 헬스장에 가는 것이 두렵다면 다음과 같은 자기 대화를 할 수 있다.

헬스장 등록을 떠올리는 것만으로도 불안해. 뭘 예상해야 할지도 모르겠고. 하지만 하루에도 수많은 일에서 불확실성을 받아들이잖아. 헬스장에서 불확실성을 견디지 못할 이유가 없어. 헬스장에 처음 가보는 것이니 당연히 모르는 게 많겠지. 하지만 난 새로운 경험을 해낸 적이 많았고, 이번에도 할 수 있어. 여기서 일어날 수 있는 최악의 상황은 무엇일까? 아무도 나에게 말을 걸지 않는 상황? 오히려 너무 주목받는 것보다 나을지도 몰라. 그래, 할 수 있어. 이 불확실성을 받아들이고, 작은 도전을 해보는 거야!

낯선 자극에 대한 면역력 키우기

티에라는 결정을 내리거나 낯선 상황에 직면할 때 불확실성을 견디지 못하고 불안을 느꼈다. 따라서 일상에서 더 많은 새로운 경험과 의사 결정을 시도하는 것이 불확실성 인내력을 키우는 중요한 과정이 된다.

낯선 자극을 줌으로써 면역력을 키우는 방법은 쉽게 할 수 있는 새로운 경험부터 까다로운 상황으로 점진적으로 나아갈 때만 효과를 거둘 수 있다. 새로운 경험을 너무 두려워하는 티에라는 처음에는 아주 사소한 변화부터 시도하여 '면역력'을 키우기로 했다.

예를 들면, 출근할 때 새로운 경로로 가보기, 한 번도 먹어본 적 없는 음식을 파는 레스토랑 가기, 친구와 함께 새로운 취미 활동에 도전하기, 긴장감 넘치는 영화 보기, 헤어스타일 바꿔보기, 새로운 옷 쇼핑하기 등이 연습이 될 수 있다.

이렇게 사소한 변화가 익숙해지자, 티에라는 자신에게 생긴 '면역력'을 바탕으로 더 용기가 필요한 경험에도 도전할 수 있었다. 예를 들어, 다음번 승진 심사에 지원하기, 한 번도 가본 적 없는 카리브해 올인클루시브 리조트로 휴가 계획 세우기, 온라인 데이트 프로필 만들기 등등.

새로운 경험을 할 때마다 티에라는 '불확실성을 줄이기 위해 내가 무엇을 더 알아야 할까?'라는 질문을 자신에게 던졌다. 그녀는 모든 정보를 꿰고 추가 정보를 더 구한다고 해서 불안한 감정이 줄어들지 않는다는 사실을 알게 되었다. 그러면서 차츰 새로운 경험을 늘려갔고, 더욱 풍성하고 흥미로운 삶을 살면서 **위험과 책임의 균형을 적절히 조절하는 법**을 배웠다.

'만약'의 걱정 회로에서 벗어나기

티에라는 불확실성에 대한 인내력이 약하고, 앞일을 확실히 알고 대비하고 싶어 하며, 위험을 회피하는 성향이 강하다. 이런 성향 때문에 '만약'이라는 생각이 들 때마다 쉽게 불안해졌다. 하지만 불안이나 걱정이 드는 것은 불확실성을 견디는 힘을 키울 기회이기도 하다. 티에라는 불안해질 때마다 '네 칸 인내력 도구four-column tolerance tool'를 사용하여 인내력을 강화하는 연습을 했다.

인내력 키우기 연습은 불안을 유발하는 특정 상황이나 문제나 요인을 적는 것부터 시작한다. 예를 들어, 티에라는 승진 기회를 떠올릴 때 불안이 파도처럼 밀려온다. 그녀는 '네 칸 인내력 도구'를 사용하여 첫 번째 칸을 '승진 심사 지원'이라고 채웠다. 두 번째 칸에는 그 상황에서 그녀가 바라는 최상의 결과를 적었다. 이른 시일 내에 승진되었다는 소식을 듣는 것이 그녀가 바라는 최상의 결과였다.

세 번째 칸은 그녀가 바라는 최상의 결과가 현실이 될 가능성을 높이거나 확신을 가질 수 있도록 자신이 할 수 있는 행동을 적었다. 예를 들어, 동료에게 다른 지원자가 있는지 물어보거나, 경영진이 얼마나 시급히 그 자리를 채우려고 하는지 정보를 알아보는 것이다.

마지막 단계가 가상 중요하다. 세 번째 칸에 확신을 갖기 위해 취할 행동을 적었다면, 네 번째 칸에는 그 행동과 완전히 반대되는 행동을 적는 것이다. 이 단계의 목적은 어느 정도의 불확실성을 받아들여서 바람직하지 않은 결과가 나올 수 있음을 인식하는 것이다.

동료들에게 승진에 대한 소식을 물어보는 행동의 정반대 행동은, 그녀가 승진에서 탈락할 가능성이 있고 경영진의 결정에 영향을 줄 수 있는 방법은 없다고 생각하는 것, 그리고 동료들과 승진에 관한 이야기를 나누지 않는 것이다. 이렇게 함으로써 티에라는 승진과 관련된 불확실성을 정면으로 마주하게 되었다. 불안을 느낄 때마다 확실성으로부터 멀어지는 연습을 반복해나가면 불확실성을 견디는 힘이 자라난다.

파도 위에서 균형을 잡는 법

나의 불안과 걱정이 불확실성에 대한 인내력 부족에서 오는 것일까? 아니면 다른 요인이 있는 것일까? 불안의 특징을 확신하는 것은 어렵다. 하지만 결정을 내려야 할 때마다 불안을 반복적으로 느낀다면, 새롭고 예측 불가능한 일을 시도할 때마다 불안을 느낀다면, 불확실성에 대한 인내력 부족이 불안을 증폭시키는 요인일 가능성이 크다.

불확실성을 견디는 힘은 어떻게 키울 수 있을까? 인내력을 기르는 것은 시간이 걸리고 많은 연습이 필요한 과정이다. 불확실성을 편안하게 받아들일 수 있는 능력은 우리의 성격과 깊이 연관되어 있기 때문이다. 우리 주변에도 자극을 좋아하고 예측할 수 없는 상황을 즐기는 친구가 있는가 하면, 안전하고 규칙적인 생활을 선호하는 친구가 있을 것이다. 어떤 사람은 번지점프를 하면서 밧줄이 끊어질 수도 있다는 생각에 짜릿함을 느끼지만, 또 어떤 사람은 비행기를 탈 때 추락 가능성을 떠올리면 공포를 느낀다. 우리는 불확실성 인내력의 스펙트럼에서 저마다 다른 위치에 있음을 인정할 필요가 있다.

불확실함을 견디는 내 안의 힘 발견하기

삶을 항상 계획하고 예측할 수는 없다. 미래는 항상 불확실하며 예상치 못한 일이 언제든 일어날 수 있다. 불확실성으로부터 오는 불안을 극복하는 단계는 불확실성에 대한 낮은 인내력을 깨닫는 것에서 시작한다. 먼저 미래에 대한 확신을 추구하려는 노력을 포기하고, 새로운 경험과 변화를 수용하는 능력을 키우며, 그럼으로써 일상에서 불확실성이 불가피하다는 사실을 받아들이는 것이다.

1. 확실성 로그 작성하기

우리가 확실하다고 생각하는 것은 대부분 '알고 있다는 느낌'일 뿐일 때가 많다. 그러므로 자신이 확실하다고 믿는 것들을 '확실성 로그'로 기록해봄으로써 불확실성이 반드시 나쁜 것이 아니라는 걸 깨달아보자. 먼저 '확실하다는 느낌' 없이도 일상에서 흔히 하는 활동과 결정을 적어보자. 예를 들어, 교통사고가 날지 모르지만 운전해서 출근할 수도 있고, 해킹을 당할지 모르지만 모바일 뱅킹을 사용할 수도 있다. 이런 일상의 활동과 선택을 떠올려보자.

위 활동들을 점검하며 다음의 질문을 떠올려보자.

- 만약 내가 위 상황들에서는 어느 정도의 불확실성, 알 수 없는 결과를 받아들일 수 있다면, 왜 유독 불안과 걱정을 유발하는 다른 경험과 결정들에서는 똑같이 할 수 없을까?

- 과연 나는 불안과 걱정을 일으키는 불확실한 상황에 대한 인내력을 높이고, 어느 정도의 위험을 감수할 수 있을까?

2. 불확실성에 대한 인내력 키우는 '네 칸 도구' 작성하기

다음으로 불확실성에 대한 인내력을 키우는 '네 칸 도구'를 사용해 보기를 권한다. 첫 칸에는 불안한 감정을 유발하는 상황을, 다음 칸에는 그 상황에서 이루고자 하는 가장 좋은 결과를 적는다. 다음으로 바라던 결과가 일어날 것을 더 확신하게 만드는 방법을 적는다. 마지막으로, 확신을 얻으려는 행동과 정반대되는 행동을 적는다. 불안을 느낄 때 확신을 추구하는 행동의 정반대를 더 많이 연습할수록, 불확실한 감정에 더 잘 적응할 수 있게 될 것이다.

상황	가장 좋은 결과	이 결과를 확신하게 만드는 방법	확신 추구와 정반대 행동

삶은 예측 가능한 것은 오직 삶이 예측 불가능하다는 것이다. 그래서 살아볼 만하지 않은가.

7장

"진짜 괜찮을까?"라고
묻지 말아요

재확인을 추구할수록 깊어지는 불안 덜어내기

과도한 재확인 추구
Excessive reassurance seeking

자신을 불안하게 만드는 상황이

사실은 위험하지 않고, 무해하며, 안전하다는

확신을 얻기 위해 반복적으로 정보를 구하거나

사람들에게 질문하는 행동

“제발 괜찮을 거라고 말해줘!”

친구나 가족에게 확인을 재차 구하고 싶은 적이 있는가? 심지어 답을 정해놓고 상대방이 원하는 대답을 해주길 바란 적은? 최근 당신에게 피부 발진이 생겼다고 가정해보자. 유튜브를 비롯해 온라인으로 각종 정보를 수집하고 자가 치료를 해봤지만 좀처럼 나아지지 않자 혹시 피부암이 아닐까 걱정이 들기 시작했다. 얼른 피부과에 진료 예약을 해두고 진료일까지 기다리는 동안 불안이 점차 커지고 있다. 그래서 배우자에게 묻는다.

“별일 아니겠지?”

이 질문을 하는 이유는 배우자가 이렇게 답하길 바라서일 것이다.

“그럼, 별거 아니지. 가끔 피부에 뭔가 생기곤 하잖아.”

이렇게 원하는 답변을 얻기 위해 하는 행동을 ‘재확인 추구’라고 한다.

그런데 만약 이런 답을 들으면 어떨까?

"내가 의사도 아닌데 어떻게 알아? 근데 내 사촌도 비슷한 발진이 있었는데, 알고 보니 흑색종이었어."

안심이 되기는커녕 불안이 더욱 치솟을 것이다.

과도한 재확인 추구Excessive reassurance seeking는 불안의 대표적인 특징이다. 누구나 일상에서 불안이 생길 때 대처하는 전략이긴 하지만 지나치고 부적절하게 사용할 때에는 문제가 될 수 있다. 인생에서 중요한 일이 있을 때마다 친구나 가족, 직장 동료에게 "괜찮을 거 같아?"라고 물은 적이 몇 번이나 있는가? 우리는 상대방이 "당연하지, 잘될 거야"라고 말하기를 바란다. 그것이 우리가 듣길 원하는 답이고, 그 말을 들어야 안심이 된다.

하지만 논리적으로 생각해보면 상대방에게 재확인을 받는 게 별 의미가 있지는 않다. 친구나 가족이 미래를 예측할 수 있는 것도 아니기 때문이다. 앞으로 무슨 일이 일어날지 알 수 없는 것은 그들 역시 나와 다를 바 없다. 결국 안심이 되려면 마음속에서 일종의 '마술'을 부려야 한다. 즉, 더 많은 사람이 "괜찮을 거야" 또는 "너는 잘할 거야"라고 말해줄수록 바라는 바가 이루어질 가능성이 커진다고 믿는 것이다. 그 믿음이 비합리적이라는 것은 분명하다. 천 명이 괜찮다고 말해줘도 실제로 괜찮아질 확률이 높아지는 것은 아니니까.

물론 상대방의 의견이 의미 있는 경우가 있다. 상대방이 그 상황과 직접적으로 관련되어 있을 때 그렇다. 예를 들어, 배우자와 함께 재정 문제에 관한 결정을 내리면서 "우리가 제대로 결정한 걸까?"라고 묻는 경우다. 하지만 대부분은 상대방도 미래에 대해 나만큼 모르기는 마찬가지다.

재확인 추구는 순간적인 불안을 해소하기 위해 사용되기도 한다. 예를 들어, 다음 주에 중요한 면접이 있어서 불안하고 걱정이 많다고 가정해보자. 당신은 이 일자리가 간절한데 걱정이 되어 제대로 준비하기 어렵다. "나 합격할 수 있을까? 너무 긴장해서 머릿속이 하얘지면 어쩌지? 면접 직전에 가슴이 두근거리고 배가 아프면 어떡하지?"라고 가족과 친구에게 답을 얻으려고 한다. 당신이 원하는 답변은 "넌 잘할 거야. 당당하게 잘할 수 있어! 예전에도 면접을 잘 봐서 합격한 적이 여러 번이잖아"와 같을 것이다. 이런 말을 들으면 잠시 안심이 된다.

하지만 얼마 지나지 않아 다시 '의심'이 생긴다. 내가 잘할 수 있을지 불확실해 보이고 다시 걱정이 시작된다. 결국 재확인을 받으려고 또 다른 사람을 찾게 된다. 이처럼 재확인 추구가 불안과 걱정에 대처하는 주된 방법이 되면 다음과 같은 악순환에 빠지게 된다.

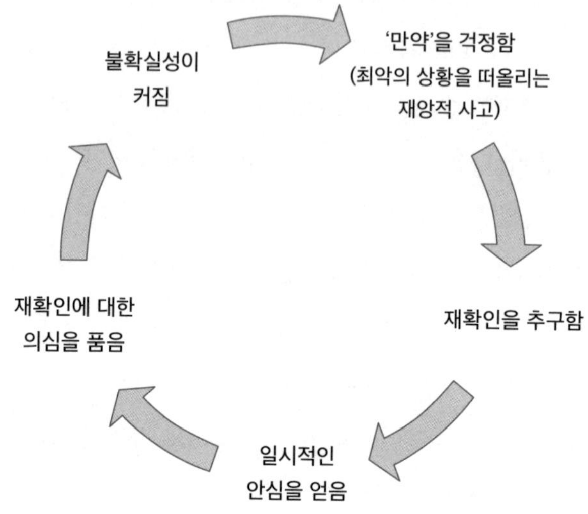

걱정 병을 달고 사는 마야의 이야기

만성적인 걱정에 시달리고 있던 마야는 걱정을 해소하기 위해 재확인 추구에 의존하고 있었다. 그녀의 머릿속은 '만약에'라는 생각으로 가득 차 있었기 때문에 최악의 상황이 벌어지지 않을 것이라고 믿기 위해 묻고 또 물었다. 마야의 걱정은 일상의 사소한 일부터 인생의 중요한 문제까지 전 범위에 걸쳐 있었다.

'퇴근이 늦어져서 에어로빅 수업을 못 가면 어떡하지?'

'이번 달에도 예산을 초과해서 통장이 바닥 나면 어쩌지?'

마야의 삶에는 걱정거리가 너무나 많았다. 그녀는 서른일곱 살이었고 최근에는 체력이 예전 같지 않다는 것을 느끼기 시작했다. 그녀는 살고 있는 도시에서 가장 권위 있는 대형 로펌에서 법무보조원으로 최근 일을 시작했다. 남편 산제이와 결혼한 지 15년이 됐지만, 요즘 둘 사이가 단조롭고 지루하게 느껴졌다. 마야는 둘 사이가 점점 멀어지는 것 같아 걱정되었고, 산제이가 다른 사람을 만나고 있는 건 아닐까 의심했다. 올해로 열두 살이 된 아들 정은 학교에서 괴롭힘을 당하고 있었다.

부부에게는 경제적인 문제도 있었다. 마야와 산제이는 코로나19 팬데믹 직전에 더 넓은 집으로 이사하면서 대출을 크게 받은 데다가, 3년 동안 물가가 급등하면서 주택담보대출 등 주택 유지 비용이 가계에 큰 부담이 되고 있었다. 생활비를 쓰고 나면 거의 남는 게 없었고, 갑자기 큰돈이 필요하게 되면 곤란한 상황에 빠질 것 같았다.

이처럼 해결해야 할 문제가 있었지만, 미야는 걱정과 불안 때문에 아무것도 할 수 없었다. 그녀가 이런 어려움을 견디기 위해 선택한 전략이 바로 재확인 추구였다. 예를 들어 마야는, 아들의 학교 문제를 걱정하며 여러 번 담임선생님을 찾아갔지만 별다른 도움을 받지 못했다. 그녀는 남편 산제이에게 같은 질문을 반복했다.

"정이 괴롭힘 때문에 많이 힘들어하고 있을까?"

그녀는 같은 질문을 계속 반복했고, 결국 산제이가 화가 나서 소리쳤다.

"대체 내가 뭐라고 말을 해줘야 그 얘기를 그만할 거야?"

마야는 인터넷에서 학교 괴롭힘에 대한 정보를 찾아봤지만, 거기서 얻은 해결책은 현실성이 없거나 효과가 없다고 느꼈다. 다른 엄마들에게도 아이들의 학교생활에 대해 계속 질문했지만, 뚜렷한 답을 얻지 못했다. 그녀가 큰 노력을 기울였음에도 불구하고 얻은 것은 잠깐의 안도감뿐이었다.

직장에서도 마찬가지였다. 실수하는 게 두려워서 다른 법무 보조원들에게 그녀가 작성한 보고서를 여러 번 검토해달라고 요청하곤 했다. 한 사람의 확인으로는 부족한 것 같아서 두세 명 이상에게 같은 보고서를 읽어달라고 부탁했고, 이 과정에서 동료들의 업무가 지연되면서 동료 관계도 점점 불편해졌다. 결국 상사가 나서야 할 정도였다. 하지만 그 후로도 마야의 불안과 걱정은 여전했다. 동료들에게 계속 듣고 싶은 말을 듣기 위해 노력했지만 마음이 편안해지지 않았다.

마야의 과도한 재확인 추구는 몇 가지 문제를 안고 있었다. 우선 괜찮다는 말을 들어도 그 효과는 짧게 나타났다. 재확인을 받을수록 불안과 불확실성을 피하고 싶다는 욕구가 강해졌고, 안전함을 끊임없이 추구했다. 그녀의 행동은 가족과 친구, 직장 동료들에게 스트레스를 주었고, 그들이 무슨 말을 해줘도 마야가 원하는 수준에 도달할 수 없었다. 결국 그녀는 재확인 추구의 악순환에 갇혀 점점 더 불안해지고 있었다.

재확인은 결코 안도감을 주지 않는다

누구나 때때로 재확인을 구한다. 특히 중요한 결정을 앞두고 있거나 어떤 행동을 해야 할지 망설일 때 더욱 그렇다. 하지만 과도한 재확인 추구는 순간적인 안도감을 주다가 의심과 불확실성을 증폭시키는 악순환을 만들면서 불안을 더 키운다.

이런 해로운 대처 방식에서 벗어나기 위해 마야는 재확인 추구에 대한 믿음을 깨뜨리는 작업을 해야 했다. **완벽하게 확신하는 것은 불가능하다**는 사실을 깨닫고, 재확인 추구 습관에서 점진적으로 벗어나며, 주변 사람들에게도 그녀가 재확인을 구하는 습관이 있다는 것을 솔직하게 알리는 전략이 필요했다.

재확인을 구하는 순간에는 그것이 불안과 걱정을 해소하는 가장 좋은 방법처럼 느껴진다. 하지만 재확인 의존도를 줄이려면, 마야는 먼저 재확인의 효과에 대한 자신의 믿음과 마주해야 했다. 재확인을 구하는 것이 실질적인 도움이 되지 않는다는 점, 오히려 부정적인 영향을 미친다는 점, 불안과 걱정을 더욱 부추기는 역할을 한다는 점을 깨닫는 것이 중요했다. 만약 재확인 추구에 대한 믿음을 바꾸지 않는다면, 마야는 앞으로도 계속 다른 사람들의 조언과 의견을 구하는 행동을 멈추지 않을 것이다.

신념을 바꾸는 데 효과가 입증된 방법은 바로 '기록'이다. 먼저, 마야는 자신의 재확인 추구 경험을 기록하기 시작했다. 종이에 세 개의 칸을 나누고, 첫 번째 칸에는 '위협에 대한 재확인', 두 번째 칸에는 '결정에 대한 재확인', 세 번째 칸에는 '사회적 인정에 대한 재확인'이라고 적었다.

첫 번째 칸에는 자신이나 가족에게 나쁜 일이 일어날까 봐 극심한 불안을 느끼고, 그 일이 일어나지 않을 거라는 확신을 얻기 위해 재확인을 구했던 경험을 기록했다. 두 번째 칸에는 중요한 결정을 내릴 때 옳은 선택을 했는지 확인받기 위해 재확인을 구했던 경험을 적었다. 마지막 칸에는 가족이나 친구들이 그녀를 좋아하고 있는지, 인정하고 있는지 확인받기 위해 재확인을 구했던 경험을 정리했다.

마야는 하루도 빠짐없이 누군가에게 재확인을 구했기 때문에 떠오르는 경험들만 정리하면 충분했다. 다음은 그녀가 작성한 기록의 일부다.

위협에 대한 재확인

- 처음 혼자 비행기를 타야 했을 때, 괜찮을지 친구들에게 계속 물어봤다. 혹시 당황하거나 불안해서 비행기를 놓칠 일은 없

을까를 물어보기도 했다.

- 학창 시절에 시험을 앞두고 불안감이 극심해졌다. 부모님께 계속해서 "저 시험 잘 볼 수 있을까요? 너무 긴장해서 머릿속이 백지가 되지는 않을까요?"라고 물었다.

- 유방암 검진을 다시 받아야 한다는 연락을 받았을 때, 너무 겁이 나서 남편에게 "나쁜 결과가 나오지는 않겠지?"라고 계속 물었고, 하루 종일 정보를 찾아봤다.

결정에 대한 재확인

- 법무 보조원 과정을 이수하기 위해 다시 학교에 다닐지 고민하며, 이 결정이 맞는지 주변 사람들에게 계속 물었다.

- 아들을 어느 학교에 보낼지 결정할 때, 다른 학부모들의 의견을 듣기 위해 계속 질문했다. 온라인에서도 몇 시간씩 학교에 대해 알아봤다.

- 산제이가 청혼했을 때, 처음에는 받아들였지만 이후 내 결정이 맞는지 고민하며 괴로운 시간을 보냈고, 산제이가 정말 내 인연일지 친구들에게 끊임없이 상담했다.

사회적 인정에 대한 재확인

- 페이스북 프로필을 수정할 때, 다른 사람들이 어떻게 볼지 걱정돼서 친구들에게 "이렇게 바꾸는 게 괜찮을까?"라고 계속

물었다.

- 결혼 생활이 불안할 때마다 산제이에게 "나 아직도 사랑해?"라고 계속 확인했다.

- 어머니와 늘 친밀한 관계였는데, 최근 몇 년 사이에 예전만큼 어머니가 내게 관심을 보이지 않는 것 같아 불안했다. "요즘 예전 같지 않은데, 무슨 일 있어요?"라고 계속 물었지만 "별일 없지"라는 말만 들었다.

믿음을 재구성하는 과정의 마지막 단계로, 마야는 자신의 재확인 추구 경험을 되돌아보며 다음 질문에 답했다.

- 재확인을 구하는 것이 실제로 도움이 되었는가? 재확인을 구한 후 불안과 걱정을 해소하는 데 도움이 되었는가?

- 재확인을 받고 난 후 마음의 안정이나 안도감이 오래 지속되었는가?

- 과도한 재확인 추구가 부정적인 결과를 가져온 적이 있는가? 재확인을 받아서 문제가 해결되었는가? 오히려 불안과 걱정이 지속되지는 않았나? 상대방을 짜증 나게 만들지는 않았나? 사람들이 내 질문에 어떻게 반응했는가?

이 연습을 마친 후, 마야는 재확인 추구에 대한 자신의 인식을 점차 바꿀 수 있었다. 재확인을 구하는 것이 도움이 되는 대처 방식이 아니라, 오히려 해롭고 불안을 키우는 요인이라는 사실을 깨달았다. 그리고 이제 그녀는 과도한 재확인 추구에서 벗어나기 위한 세 가지 방법을 사용할 준비가 되었다.

과연 '완벽한 재확인'이 가능할까

재확인으로 완전히 안심할 수 있는 일은 없다. 누군가에게 "괜찮을까?"라고 물어보아도 우리는 그 대답이 별 도움이 되지 않는다는 것을 이미 알고 있다. **상대방도 우리만큼이나 미래를 알 수 없기 때문**이다. 그래도 우리는 여전히 계속 묻는다. 어떤 말을 듣더라도 불안과 걱정이 완전히 사라지진 않는다. 하지만 어느 정도 철저하게 재확인을 해야 불안과 걱정을 완전히 없앨 수 있을지 생각해본 사람은 거의 없다. 이와 관련된 다음 연습은 과도한 재확인 추구를 줄이는 데 도움이 될 수 있다.

마야는 먼저 자신의 걱정거리를 하나씩 생각해보았다. 다음으로 자신이 상상하는 '완벽한 재확인'이 어떤 상태인지 적어보았다. 어떤 말을 들어야 불안과 걱정이 완전히 사라질 것 같은가를 생각해보는 것이다. 그녀가 생각하는 완벽한 재확인은 다음과 같다.

- 선생님이 정은 학교에 친구가 많고, 이제 아무에게도 괴롭힘당하지 않을 것이라고 말해준다면 더 이상 걱정하지 않을 거야.
- 누군가가 산제이는 절대 바람을 피우지 않을 거고, 그럴 사람이 아니라고 확신해준다면, 더 이상 불안해하지 않을 거야.
- 로펌의 시니어 파트너들이 내가 놀라울 정도로 뛰어난 법무 보조원이고 나 없이는 제대로 일이 돌아가지 않고 내가 한 일은 흠잡을 데가 없다고 말해준다면, 내 능력에 대한 걱정은 사라질 거야.
- 우리 부부가 항상 재테크를 잘해왔고 은퇴 자금을 충분히 저축할 수 있을 거라고 누군가가 말해준다면 돈 때문에 불안해하지 않을 거야.

마야는 이 목록을 읽어본 후 완벽한 재확인은 불가능하다는 사실을 깨달았다. 현실에서 들을 수 있는 그 어떤 말도 '완벽한 재확인'에 미치지 못하기 때문에 결국 불안과 걱정을 완전히 없앨 수 없다. 그렇다면 애초에 불완전한 재확인을 사람들에게 구하는 것이 무슨 의미가 있을까? 그녀는 비로소 재확인이 보장해주는 것은 아무것도 없으며 오히려 불안을 더 키우기 때문에 이를 줄여야 한다는 결론에 도달했다.

재확인을 조금씩 미루는 연습

과도한 재확인 추구는 생각이나 노력 없이 순식간에 자리 잡기 때문에 그 습관을 끊는 것은 쉽지 않다. 마야도 예외가 아니어서 이런 행동을 점진적으로 줄여나가는 방법을 사용해야 했다. 그녀는 불안하거나 걱정이 생길 때 즉시 누군가에게 의견을 묻거나 안심을 주는 정보를 찾기 시작하지 않고, 그 사이의 시간을 체계적으로 늘려가는 방식을 시도했다.

산제이가 냉담하고 거리감이 생긴 것 같다는 생각에 불안해졌다고 해보자. 평소 마야는 5분도 안 돼서 산제이에게 그들의 관계가 괜찮은지, 그의 기분은 어떤지 물으며 그의 사랑과 헌신을 확인받으려고 했다. 이제 마야는 **불안감을 그냥 안고 '10분만' 버텨보기**로 했다. 1~2주 후에는 그 시간을 20분으로, 이후 30분까지 점진적으로 **늘려 결국 2시간까지 버티기가** 가능해졌다. 일정 시간 동안 확인을 참다 보니 불안이 점차 완화되었고 아예 확인을 원하는 것도 잊게 되었다. 마야는 각각의 걱정거리마다 점진적으로 재확인 추구를 줄여나갔고, 마침내 과도한 재확인 추구를 멈출 수 있게 되었다.

진정으로 내가 듣고 싶은 말

다음 방법은 상당한 용기가 필요하지만 재확인 추구가 도움이 된다는 생각에 맞서는 데 효과적이다. 만약 마야가 **재확인을 구하면서 그녀가 어떤 말을 듣고 싶은지 솔직하게 말해**버린다면 어떨까?

산제이가 바람을 피울지도 모른다는 마야의 불안을 예로 들어 보자. 마야는 그동안 산제이가 그녀를 사랑하고 있으며 결혼에 충실하다는 증거를 찾으려고 하며 마음을 안정시키려고 했다. 그러나 어떤 긍정적인 시도를 해봐도 걱정이나 불안이 줄어들지 않았다. 그럴 때 산제이에게 이렇게 말하면 어떨까?

"나는 당신이 바람을 피우지 않고 있고, 절대 나를 배신하지 않을 거라고, 우리 관계에 완전히 충실하다고 말해주길 원해. 그리고 앞으로도 절대 변하지 않을 거라고 말해주면 좋겠어. 무슨 일이 있어도 당신이 절대 날 떠나지 않을 거라고 확신할 수 있게끔 확실하게 말해줘야 해."

물론 이것은 말하기 어렵고 부끄러운 고백일 것이다. 또한 산제이가 앞으로 있을 일을 장담할 수 없다고 여긴다면 원하는 답을 듣지 못할 수도 있다. 우리가 장담할 수 있는 것은 미래가 현재 상상하는 것과 다를 것이라는 점뿐이니까.

마야는 자신이 생각하는 이상적인 재확인이 무엇인지, 즉 무슨 말을 듣고 싶은지 솔직히 말함으로써 재확인 추구에 대해 기대하는 바를 줄이고 있다. 그녀가 정말로 듣고 싶어 하는 말을 산제이가 알게 된 지금, 산제이에게 재확인을 구하고 자신이 안심할 수 있는 신호를 찾는 일이 무의미해졌기 때문이다. 이제 재확인을 구하면서 진실이 아닌 말을 듣는 일을 계속하긴 어렵다. 물론 이 전략은 가까운 사이이고, 서로 솔직할 수 있는 친구나 가족에게만 사용할 수 있다.

말해주지 않아도 평온해지는 법

당신도 재확인을 추구하며 불안과 걱정이 커지고 있다면 마야가 활용한 방법을 시도해보기를 권한다.

- 첫 번째 방법(재확인을 구하는 것이 오히려 부정적인 영향을 미친다는 것을 깨닫고 재확인에 대한 신념을 바꾸는 것)과 두 번째 방법('완벽한 재확인'을 정의 내려봄으로써 '완벽한 재확인'이란 불가능함을 깨닫는 것)을 시도해보자. 사람들은 재확인을 추구하는 행동이 크게 해롭지 않다고 생각하는 경향이 있다. 그러나 과도한 재확인이 불안과 걱정을 키운다는 사실을 깨닫게 되면, 이를 바꾸려는 동기가 생길 것이다. 이 두 가지 방법은 과도한 재확인 추구가 어떤 문제를 일으키는지를 인식하는 데 초점을 맞

추고 있다.

- 첫 번째 연습에서 재확인 추구 경험을 떠올리는 데 어려움이 있다면 2~3주 동안 자신의 재확인 경험을 기록해본다. 이 경험을 '위협에 대한 재확인', '결정에 대한 재확인', '사회적 인정에 대한 재확인'이라는 세 가지 범주로 분류하면 더 도움이 된다.

- 자신이 원하는 재확인을 솔직하게 상대방에게 요청하는 방법은 신중하게 사용해야 한다. 신뢰할 수 없는 사람에게 감정을 그대로 털어놓는 것은 부정적인 결과를 가져올 수 있기 때문이다. 이 전략은 가깝고 완전히 솔직할 수 있는 사람에게만 사용하기를 권한다. 아무리 친밀하고 믿을 수 있는 사이라도, 당신이 마음의 안정을 위해 듣고 싶은 말을 직접 표현하는 것은 부끄러울 수도 있다. 그러나 만약 할 수 있다면, 자신의 재확인 욕구를 드러내는 행동은 이 해로운 습관을 무력화하는 효과가 있다. 당신과 대화 상대방이 모두 불안이나 걱정을 줄이기 위해 안심시키는 말을 해주는 일이 사실상 의미 없는 시도라는 점을 함께 인식할 수 있기 때문이다.

- 재확인 추구가 가족, 친구, 동료들에게 미치는 영향을 생각해보자. 대부분의 사람은 재확인 요구를 성가시게 생각한다. 과도한 재확인 추구가 인간관계에 미치는 부정적인 영향을 깨닫는 것도 변하겠다는 동기를 높일 수 있다.

생각도 하지 않고 쉽게 반복하게 되는 재확인 추구는 끊기 어려운 습관이다. 또한 불안과 걱정을 부추기는 많은 과정과 관련된 대처 전략이기도 하다. 다음 장에서는 이 과정 중 하나인 '과도한 책임감'에 대해 다룰 것이다. 중요한 사람들에게 불행한 일이 생길 수도 있다고 과도하게 책임감을 느낄 때 다른 사람들에게 재확인을 구하려는 경향이 더 강해진다.

타인에게서 평온함을 구할 수 있을까?

중요한 일이 있을 때마다 친구나 가족, 직장 동료에게 "괜찮을 것 같아?"라고 묻거나 상대방에게서 "당연하지, 잘될 거야"라는 대답을 들어야만 안심이 된다면 당신의 불안은 '과도한 재확인 추구'라는 얼굴을 하고 있을 가능성이 높다.

이번 멘탈 트레이닝은 재확인에 대한 신념을 변화시키기 위한 것이다. 첫 번째 칸에 당신이나 사랑하는 사람에게 끔찍한 일이 생길 가능성에 대해 강렬한 불안이나 걱정을 느끼는 상황에서 "괜찮을 거야"라는 재확인을 구했던 순간을 적어본다. 이어서 두 번째 칸에 인생의 중요한 문제에 대해 "잘 결정했다"는 재확인을 구했던 순간을 적어본다. 세 번째 칸에 가족이나 친구에게 '사랑받고, 인정받고, 받아들여지고 있다'는 안도감을 얻기 위해 재확인을 구했던 순간을 기록한다.

위협에 대한 재확인	결정에 대한 재확인	사회적 인정에 대한 재확인
위협에 대한 재확인	결정에 대한 재확인	사회적 인정에 대한 재확인

그 후, 당신이 작성한 재확인 추구 경험들을 검토하고 다음 질문들에 답해보자.

- 재확인을 구하는 행동이 어떤 식으로든 도움이 되었는가? 불안과 걱정을 유의미하게 줄이는 데 기여했는가?

- 재확인은 안전함, 안정감, 혹은 편안함을 지속적으로 제공해주었는가?

- 재확인을 과도하게 추구하는 행동으로 인한 부정적인 결과가 있었는가? 이 행동이 정말로 무언가를 해결했는가? 아니면 오히려 불안과 걱정을 지속시켰는가? 다른 사람들을 불편하게 만들지는 않았는가? 다른 사람들은 당신의 재확인 추구 요청에 어떻게 반응했는가?

이 멘탈 트레이닝을 통해 재확인을 구하는 행동에 대한 당신의 신념이 변화했는가? 재확인을 추구하는 행동이 불안과 걱정을 지속시키는 중요한 요인이라는 것을 발견했길 바란다.

8장

'전부 내 탓'이라고 느끼는
사람들에게

자기 비난과 죄책감에서 벗어나는 첫걸음

과도한 책임감

Inflated responsibility

자신이나 타인에게 발생한 부정적인 일을 초래하거나

방지하는 데 자신이 큰 영향을 미친다고 믿는 것.

부정적인 경험이 발생할 가능성이 있든 이미 발생한 사건이든

그것이 자신의 행동이나 태만에 따른 결과라고 믿고

죄책감을 느끼게 된다.

당신은 쉽게 죄책감을 느끼는 사람인가? 불안하거나 걱정될 때, 어떤 부정적인 결과를 초래한 것이 자신의 행동 때문이라고 생각하는가? 혹은 어떤 일을 막지 못한 책임이 자신에게 있다고 생각한 적이 많은가? 만약 그렇다면 당신은 과도한 책임감Inflated responsibility을 느끼고 있을 가능성이 높다. 과도한 책임감을 안게 되면 쉽게 자책하고 죄책감에 사로잡히게 된다.

팀 프리젠테이션에서 당신이 앞부분을 맡기로 했는데 회사에 늦게 도착했다고 생각해보자. 모두가 당신을 기다리고 있다. 회의가 지연된 원인이 자신이라는 사실에 불안해지고, 시간 약속을 지켜야 한다는 최소한의 원칙도 어겼다고 생각하며 죄책감을 느낀다. 이는 정상적이고 건강한 책임감이다.

하지만 만약 자신이 통제할 수 없는 문제에 대해서도 책임감을 느낀다면? 예를 들어, 동료의 발표가 형편없었을 때 내가 조언을 미리 해주지 않아서 그랬다는 자책이 들거나, 남편이 출근길에 타이어에 펑크가 나서 곤란을 겪자 '내가 어젯밤에 타이어를 확인해

봤어야 하는데…' 하며 자신을 탓하는 경우가 그렇다. 아이가 시험을 망쳤을 때 더 신경 써서 공부를 봐줬어야 했다고 생각하거나, 심지어 남편의 신용카드 대금 폭탄조차 자신의 탓으로 여기며 자책하기도 한다.

이런 사례들은 책임감을 과도하게 느끼거나 비합리적인 책임감을 느낄 때 일어나는 일이다. 일상의 수많은 일에서 **자신의 책임을 과대평가하는 사람이 걱정과 불안도 많다**는 것을 아는가? 과도한 책임감은 죄책감을 부르고, 이는 다시 불안과 걱정을 악화시킨다. 지나친 책임감 때문에 쉽게 죄책감을 느끼는 카를로스의 이야기를 살펴보자.

책임감으로 똘똘 뭉친 카를로스의 이야기

"앗, 미안. 앗, 죄송합니다."

카를로스는 입에 '쏘리'를 달고 다니는 사람이다. 그래서 사람들은 그를 '쏘리Sorry 카를로스'라고 종종 놀린다. 그는 집이든 직장이든 크고 작은 모든 실수에 대해 사과부터 하고 본다. 그가 직접 저지른 실수든 아니든 언제나 자신에게 책임이 있다고 생각하고, 늘 사과하는 습관을 갖고 있다.

이메일 답장을 깜박한 실수부터 동료가 마감 기한을 놓친 것처럼 그와 무관한 실수에도 카를로스는 자신이 불미스러운 사건을 일으키거나 막지 못한 탓이라고 생각하며 책임감을 느꼈다. 과도한 책임감 때문에 그는 자신을 끊임없이 비난하고 죄책감 속에서 허우적거린다. 그뿐 아니라 언제든 나쁜 일이 발생할 수 있으며, 그 책임을 자신이 져야 할 것 같다는 불안과 걱정 속에서 산다.

사람들은 누구나 어느 정도 도덕적 책임을 느낀 적이 있지만, 카를로스는 책임에 있어서는 도가 지나치게 민감하다. 완벽하게 솔직하지 못했을 때, 공로를 가로채거나 실수를 숨기려 했을 때, 타인에게 무례한 말을 했을 때, 다른 사람들에게 과한 요구를 했을 때 우리는 일반적으로 책임감과 죄책감을 느낀다. 하지만 카를로스는 매우 사소한 실수에도 몇 주씩 불안해하고 죄책감을 느꼈다. 상대방이 대수롭지 않다고 생각하는 일에도 그는 크게 자신을 탓했다. 게다가 자신과 전혀 관련 없는 일에도 억지로 자신을 연결 짓고 죄책감을 느꼈다. 나쁜 소식을 접하면, 그 일과 자신의 연관성을 찾으려 애쓰다가 결국 그 일을 초래하거나 막지 못했다는 '비이성적인 책임감'을 느꼈다.

카를로스는 고위 경영진에게 주식시장 전망분석을 보고하는 업무를 담당하고 있었다. 분석 내용은 투자 결정을 내리는 데 중요한 역할을 하며, 모든 보고서는 팀에서 합의를 이룬 후 경영진에 전달된다. 시장의 변동성이 높을 때는 예측이 빗나가기도 한다. 하지만 이런 일이 발생하면 카를로스는 모든 책임을 자신에게 돌렸다. 그는 늘 시장 반응을 더 정확히 예측하지 못한 것을, 팀원들에게 미리 경고하지 않은 것을 후회했다. 그는 죄책감에 사로잡혀 팀원들과 심지어 경영진에게까지 제대로 된 예측을 하지 못했다며 사과하곤 했다. 그는 회사의 투자 손실이 그의 잘못 때문에 일어났다고 믿었다.

사실 세계적인 투자자 워런 버핏조차도 주식시장의 모든 변동을 예측할 수 없다. 게다가 카를로스는 팀의 일부이며 팀에서 내린 결정에 대해 단독으로 책임질 필요가 없었다. 하지만 과도한 책임감이 가져온 자기 비난과 죄책감 때문에 다음 보고서를 작성하면서 더 큰 불안과 걱정을 느꼈다.

과도한 책임감은 집에서도 나타났다. 어느 날, 아내가 출근길에 타이어가 펑크 나서 중요한 회의에 늦게 되자 그에게 다급한 목소리로 전화를 걸었다. 아내는 당황하고 화가 난 것 같았다. 카를로스는 '아침에 내가 타이어 공기압을 확인해야 했는데!'라고 생각하며 강한 죄책감에 휩싸였다. 물론 타이어 펑크를 의심해야 했을 징후도 없었고 이를 예측할 방법도 없었다.

비슷한 일이 또 있었다. 하루는 카를로스의 직장 동료가 출근하다가 신호 대기 중 앞차를 들이받았다고 말했다. 그러자 카를로스는 평소에 동료에게 운전 중 휴대폰 사용이 위험하다고 경고하지 않은 자신을 자책했다. 그뿐만이 아니었다. 얼마 전, 그의 장인이 집에서 처마 홈통을 고치다 사다리에서 떨어져 엉덩이뼈 골절로

수술을 받아야 했다. 그는 장인에게 예전에 사다리에 오르지 말라고 언급한 적이 있었다. 그런데도 그는 '내가 사다리를 아예 치워 버리고 직접 수리해야 했는데, 철저하지 못했어'라고 생각했다.

카를로스가 과도한 책임감을 느끼며 불안과 걱정을 안게 되는 데에는 여러 가지 요인이 있다.

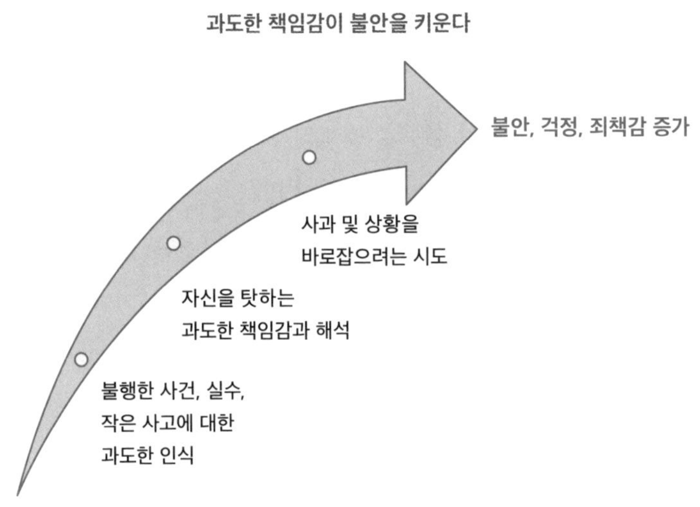

우리는 누구에게나 언제든 예상치 못한 사고나 불운이 일어날 수 있는 세상에 살고 있다. 개인의 책임을 과도하게 생각하면, 언제 또 다른 문제가 터질지 모른다는 불안 속에서 늘 긴장하게 된다. 위의 그림처럼 처음에는 자신의 주변에서 발생하는 사고와 불운에 더 민감해진다. 어떤 불행한 일이 발생하면, 즉시 자신의 책임과 잘못이 어느 정도일지 따져보게 된다. 그리고 잘못을 바로잡기 위해 사과하거나 문제를 해결하려고 애쓴다. 이렇게 개인의 책임을 과장되게 해석하면 앞으로 또 어떤 나쁜 일이 일어날지 노심초사하게 되는 것이다.

나의 책임은 과연 몇 퍼센트일까

카를로스는 자신이 상황을 통제할 수 있다는 잘못된 인식을 하고 있기 때문에, 문제가 발생하는 데 영향을 미치는 다양한 요인들을 제대로 이해하고 있지 못했다. 그가 과도한 책임감과 불안을 느끼는 원인은 영향력과 통제력에 대해 오해하고 있기 때문이다.

카를로스는 자신의 통제 범위를 넘어서는 일들까지도 영향을 미칠 수 있다고 믿는다. 예를 들어, 카를로스는 동료에게 운전 중 문자 메시지를 보내는 것이 위험하다고 미리 경고하지 않았다고 죄책감을 느꼈다. 카를로스가 동료의 운전 중 휴대폰 사용을 막을 수 있다고 생각한 것이다. 정말 카를로스에게 그럴 영향력이 있을까? 그의 동료는 성인이며 운전을 어떻게 할지는 스스로 결정할 문제다. 오히려 카를로스가 운전 중 휴대폰 사용이 위험하다는 점을 강조하면 동료가 '웬 오지랖이야' 하며 기분 나빠할 수도 있다.

카를로스는 동료에게 미치는 자신의 영향력을 과대평가하고 있었고 다른 인간관계에서도 마찬가지였다. 따라서 그의 과도한 책임감을 조정하는 과정은 그가 **나쁜 결과에 미치는 영향력과 통제력을 지나치게 확대해석**하고 있음을 인식하는 것부터 시작된다. 이를 위해 그는 '책임 파이 차트'를 작성해보기로 했다.

카를로스의 장인이 사다리에서 떨어지는 사고를 막았어야 한다고 생각했던 사례를 살펴보자. 우선 죄책감을 느끼는 사건이 왜 일어났는지를 목록으로 정리하는 것으로 이 연습을 시작할 수 있다. 카를로스는 다음과 같이 원인을 정리했다.

낙상의 원인	원인의 비중(%)
장인어른이 사다리를 사용하기로 한 결정	40%
장인어른이 사다리 위에서 어지러움을 느낌	20%
낡은 사다리를 사용함	3%
사다리를 벽에 제대로 기대어 놓지 않음	5%
장모님이 집에 계셨지만, 장인이른이 사다리에 올라간 것을 모르셨음	10%
아내가 장인어른에게 균형을 잡기가 힘드니 사다리를 쓰지 말라고 미리 말씀드리지 않음	16%
날씨: 전날 밤 비가 와서 모든 것이 미끄러웠음	5%
내가 장인어른의 사다리 사용을 막아야 했음	1%

다음 단계는 이 연습에서 가장 어려운 부분이다. 카를로스의 예시에서 볼 수 있듯이, 두 번째 칸에는 각 요인이 사건을 초래하는 데 얼마나 영향을 미쳤는지에 대한 대략적인 비중을 적어야 한다. 카를로스의 경우, 장인이 다친 원인을 곰곰이 생각한 후, 각 요인의 비중을 퍼센트로 정해야 했다. 모든 비율의 합은 100%가 되어야 했으며, 자신의 기여도를 마지막에 평가해야 했다. 또한, 감정이 아니라 이성과 논리에 기반해서 비중을 고민해야 했다.

결국 그는 장인이 사다리를 사용하기로 한 결정과 사다리 위에서 어지러움을 느낀 사실이 낙상의 가장 큰 원인이라는 점을 받아들여 했다. 아내에게도 비교적 높은 비중을 부여했는데, 그녀는 딸로서 아버지에게 사다리를 사용하지 말라고 말할 수 있는 특별한 영향력을 가지고 있기 때문이다. 하지만 목록의 마지막에 이르러 자신의 책임을 평가할 차례가 되었을 때 남은 퍼센트는 1%밖에 없었다. 카를로스는 처음에 자신이 40% 정도의 책임이 있다고 느꼈지만, 실제로는 많아야 1% 정도의 영향력만 행사할 수 있었다고 파악한 것이다.

각 원인의 기여도를 파이 차트로 시각화하면 도움이 될 때가 많다. 카를로스는 책임 비중을 파이 차트로 그려본 후, 자신이 장인의 부상을 막는 데 거의 영향을 미치지 못했다는 사실을 명확히 보게 된다. 만약 사건에 미칠 수 있는 영향력이 거의 없다면, 그 일에 대해 자신을 탓하는 것이 과연 타당할까? 부정적인 결과에 대해 자신의 영향력을 더욱 현실적으로 바라보는 것은 과도한 책임감을 바로잡는 첫 번째 단계다.

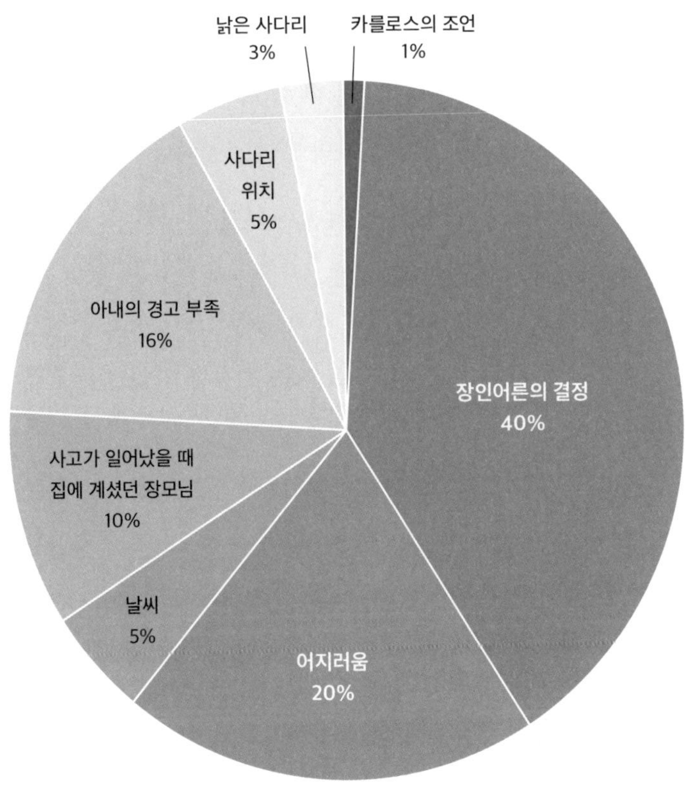

찬찬히 생각하고 오류를 발견하기

감정은 가끔 아무런 이유 없이 생기는 것처럼 보인다. 특히 통제, 책임, 도덕성과 관련된 문제에서는 감정이 비합리적으로 작용하는 경우가 많다. 불행을 초래했거나 막지 못했다고 생각하면, 자연스럽게 그 책임이 자신에게 있다고 가정하게 된다. 불안과 죄책감은 이런 믿음을 강화한다. '내가 이 안 좋은 결과에 영향을 미쳤기 때문에 기분이 나쁜 거야'라고 믿게 되는 것이다.

이것이 정확히 카를로스에게 일어난 일이다. 그는 문제가 일어나는 것을 자신이 막는 게 실제로 가능했는지 곰곰이 생각해보지 않은 채 과도한 책임감의 함정에 빠져들었다. 불안하고 죄책감이 들었기 때문에 자신에게 책임이 있다는 생각을 자연스럽게 받아들였던 것이다.

다음 연습은 과도한 책임감을 줄이도록 돕는 과정으로 실제로 자신이 불행한 사건에 어떤 영향을 미쳤는지를 더 깊이 생각하도록 훈련하는 것이다. 예를 들어, 카를로스는 아내의 타이어 펑크를 막지 못한 것에 자신의 책임이 크다고 느꼈다. 하지만 차는 이제 겨우 1년밖에 되지 않았고, 타이어도 거의 새것이었다. 게다가 그날은 맑은 봄날이라 도로 상태도 좋았다. 이런 상황에서 카를로스가 아내의 타이어가 그날 터질 것을 어떻게 알 수 있었을까? 카를로스는 '찬찬히 생각하기' 연습을 사용하여 비합리적인 논리를 펼

치더라도 자신에게 타이어 펑크를 막아야 했을 책임이 정말 있다는 것을 설명해보려고 했다.

> 자동차가 항상 좋은 상태를 유지하도록 하는 것은 내 책임이야. 아내가 출근하기 전에 네 개의 타이어 공기압을 전부 점검해야 했어. 사실, 매일 그렇게 해야 하지. 타이어에 이상이 없는지 손으로 직접 눌러봐야 했어. 매일 점검을 했다면 아내가 도로에서 그런 일을 겪을 일이 없었을 텐데. 타이어 펑크는 공기압이 낮거나 구멍이 있거나 눈에 띄게 약한 부분이 있어서 생겨. 날카로운 물체 위를 지나가거나 도로의 웅덩이를 지나면서 타이어가 터지는 일은 있을 수 없어. 차량의 운전자로서 아내는 타이어 펑크에 아무런 영향을 미칠 수 없고, 오직 나만이 타이어가 괜찮은지 파악할 수 있지.

카를로스는 자신이 쓴 내용을 읽어보면서 그 안에 많은 오류가 있다는 사실을 깨달았다. 낮은 공기압은 타이어 펑크의 주요 원인이 아니었으며, 날카로운 물체가 훨씬 더 흔한 원인이다. 그리고 이를 막을 방법은 없다. 또한 운전할 때마다 타이어 공기압을 점검하는 것은 비현실적이며, 설령 그렇게 한다고 해서 타이어 펑크가 생기지 않을 것이라고 장담할 수 없다. 카를로스는 타이어 펑크의 책임을 자신에게 돌린다는 것이 전혀 합리적이지 않다는 점을 받아들였다. 그의 논리는 잘못되었고 그가 느꼈던 과도한 책임감에도 오류가 있었다.

'책임의 연속선' 그리기 연습

이쯤에서 '모든 책임감이 잘못된 것도 아니고 반드시 과장된 것도 아닐 텐데'라는 생각이 들 수도 있다. 우리는 삶에서 일어나는 일에 어느 정도 영향을 미치고 있으며 우리 자신이나 타인의 불행을 초래했거나 막지 못한 데 책임이 있기도 하다. 그러나 문제는 내가 느끼는 책임감이 타당한지, 아니면 책임감이 과장되어 건강하지 않은 불안과 죄책감을 일으키는 것인지 판단하기 어려울 때가 있다는 점이다.

예를 들어, 한 남성이 심장마비로 지하철 선로 위에 쓰러진 여성을 구하기 위해 지하철이 달려오는 가운데 선로로 뛰어들었다. 그는 여성의 목숨을 구했고 본인도 다행히 살아남았다. 그 남성의 행동은 무모한 책임감의 발로일까, 칭찬받아 마땅한 책임감일까?

책임감이 건강한 수준인지 과도한지 구분하는 것이 쉽지 않을 때가 많다. 이것이 바로 카를로스가 고민했던 문제다. 그는 너무 많은 일에 책임감을 느꼈기 때문에 정상적인 책임감과 지나치거나 과도한 책임감을 구별하는 능력을 잃어버리고 말았다.

책임의 연속선responsibility continuum 개념은 책임의 기준을 보다 현
실적이고 덜 해로운 방식으로 조정하여 불안감과 죄책감을 효과
적으로 관리할 수 있게 해준다. 이 개념은 개인의 책임을 0%에서
시작해 중간 지점인 50%, 전적으로 책임이 있는 경우인 100%까
지 이어지는 연속적인 스펙트럼으로 바라본다. 그런 다음, 각 단계
에 해당하는 경험을 네다섯 개씩 나열해본다. 카를로스의 책임 연
속선을 한번 살펴보자.

카를로스의 책임 연속선

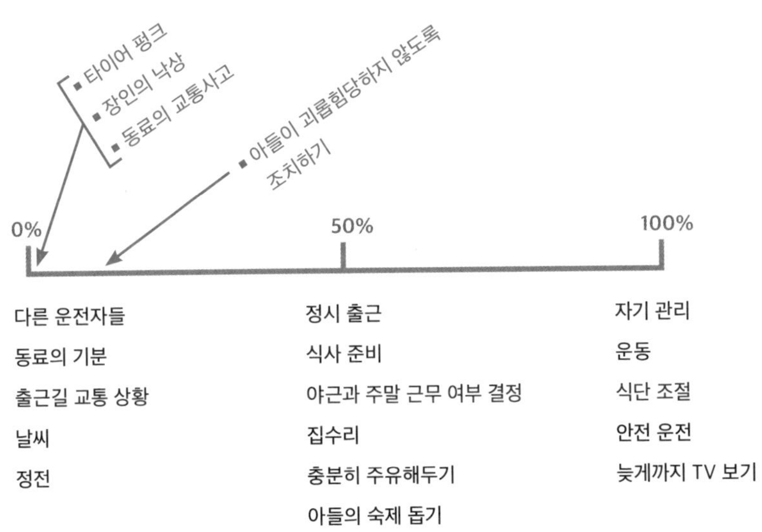

카를로스는 일상 속 대부분의 활동이 50% 수준의 책임에 해당함을 깨달았다. 즉, 그는 이런 경험에 어느 정도 영향을 미치고 책임이 있지만, 전적인 책임을 지는 것은 아니었다. 또한 다른 사람들도 사건의 발생이나 방지에 중요한 역할을 하고 있었다.

연속선 그리기 연습의 마지막 단계는 자신이 지나치게 많은 책임감을 느끼는 경험을 다시 살펴보고 연속선의 적절한 위치에 배치하는 것이다. 카를로스는 자신의 책임 정도를 다시 평가하면서 대부분의 경험에서 0%에 가까웠다는 사실을 깨달았다. 다만 그는 '아들이 학교에서 괴롭힘당하지 않도록 조치하기'는 더 높은 책임이 있다고 보았다. 그가 나서서 아들에게 자기방어 수업을 받도록 해야 했다고 생각했기 때문이다.

카를로스는 책임 연속선 연습을 과도한 책임감을 줄이는 데 유용하게 사용했다. 그는 자신의 책임이 0%에 가까운 일에 지나치게 신경 쓰느라, 정작 50%의 영향력과 책임이 있는 일에 충분한 시간을 쓰지 못했다는 것을 깨달았다. 결국 그는 **결과에 영향을 미칠 수 없는 일들을 '내려놓고' 자신의 책임이 더 큰 영역에 집중하기로** 결심했다.

당신 잘못이 아닙니다

만약 자기 비난과 죄책감이 불안을 부추긴다면 정작 맞서야 할 문제는 스스로 느끼고 있는 과도한 책임감일 가능성이 크다. 과도한 책임감에서 벗어나려면 삶에서 일어나는 사건들에 대한 영향력과 통제력에 대한 관점을 바꿔야 한다. 과도한 책임감에서 벗어나려는 사람들을 위해 세 가지 조언을 하고 싶다.

- 과도하거나 잘못된 책임감에 집중하라. 본인이 영향을 미칠 수 없는 실수에 대해 지나치게 생각할 때가 있다. 이 장에서 제시하는 연습이 도움이 되지 않는다면, 책임감을 마땅히 느껴야 하는 상황일 수도 있다. 예를 들어, 자동차 정비소에서 브레이크를 교체해야 한다는 권유를 받았지만 교체 비용이 부담스러워 이를 무시했다고 가정해보자. 나중에 브레이크 고장으로 딸이 교통사고를 당했다면, 예방 노력에 소홀한 당신의 책임이 상당 부분 있다고 할 수 있다. 이렇게 실제로 책임이 있는 상황에서는 책임감을 덜어내는 연습이 작동하지 않는 것이 당연하다.
- 감정에 휘둘리지 말아야 한다. 죄책감을 느낀다고 해서 실제로 책임을 져야 한다는 것은 아니다. 당신이 연습을 통해 무엇을 알게 되었는지 떠올려보자. 거의 영향을 미칠 수 없는 상황

에 대해서 당신의 책임 정도를 부정확하게 또는 과도하게 평가했음을 확인하지 않았는가?

- 이 연습을 자신과 관련 있는 다양한 경험에 적용하고 반복해야 한다. 시간을 두고 반복적으로 연습하다 보면 책임을 잘못 판단하는 습관을 교정하는 능력이 향상될 것이다. 배우자, 친한 친구, 심리치료사의 도움을 받으면서 연습하는 것도 좋다. 때때로 다른 사람의 관점을 통해 본인의 편향이나 상황에 대한 이해 부족을 새롭게 바라볼 수 있다.

부정적인 사건에 미치는 영향력과 통제력을 과대평가하면 과도한 책임감을 느끼고 불안이 커진다. 하지만 과도한 책임감 외에도 통제력과 관련한 또 다른 불안 유발 요인이 있다. 다음 장에서 다룰 주제인 '통제력 상실에 대한 두려움' 역시 불안을 증폭시킬 수 있다.

'내 탓'으로 향하는 생각 바로잡기

과도한 책임감의 근본적인 원인은 영향력과 통제력에 대한 과대평가에 기인한다. 그러므로 과도한 책임감을 조정하는 과정은 나쁜 결과에 미치는 영향력과 통제력을 지나치게 확대해석하고 있음을 인식하는 것부터 시작된다.

책임감을 느끼는 한 가지 상황을 떠올리고 '책임 파이 차트'를 그려보자. 죄책감을 느끼는 사건이 왜 일어났는지, 그 원인의 비중은 각각 얼마큼인지를 정리하고 이를 '파이 차트'로 시각화하는 것이다.

발생 가능한 원인	원인의 비중(%)

다양한 기여 요인들을 원형으로 시각화해보자. 각 원인의 비중에 맞게 각 조각의 크기를 조정해 나타내보자.

자신이 불행한 사건에 어떤 영향을 미쳤는지를 찬찬히 되짚어보자. 당신이 실제로 가졌던 책임은 어느 정도였는가? 당신이 확인한 다른 요인들에는 어느 정도의 책임이 있었는가? 당신이 이 사건에 영향력을 거의 행사할 수 없었다면, 어떻게 당신 자신을 탓할 수 있을까?

우리는 삶에서 일어나는 일에 어느 정도 영향을 미치고 있으며 어느 정도의 책임을 지는지 판단하기 어려울 때가 있다. 하지만 자기 비난과 죄책감이 불안을 부추긴다면 과도한 책임감에서 벗어나 자신의 영향력과 통제력에 대한 관점을 바꿔야 한다. 자신의 책임을 현실적으로 바라보는 연습이야말로 과도한 책임감으로부터 벗어나는 첫걸음이다.

다음으로 '책임의 연속선' 그리기 연습을 시도해볼 것을 권한다. 이 연속선은 당신이 느끼는 책임감을 더 현실적으로, 덜 해로운 방식으로 조정하는 데 도움을 줄 것이다. 나의 책임을 0%에서 시작해 중간 지점인 50%, 전적으로 책임이 있는 경우인 100%까지 이어지는 연속적인 스펙트럼으로 바라보며, 각 단계에 해당하는 경험을 네다섯 개씩 나열해본다.

0%	50%	100%

이제 이런 질문을 던져보자. 0%에 가까운 책임을 지는 일들에 얼마나 많은 시간을 쓰고 있는가? 반면에 50% 이상의 책임과 영향력을 가지는 일들에는 얼마나 많은 시간을 쓰고 있는가? 당신의 영향력이 거의 없는, 책임이 적은 사건들 중 일부를 놓아줄 수 있는가?

이 멘탈 트레이닝이 불안을 유발하는 과도한 책임감에서 벗어나는 데 도움이 되기를 진심으로 바란다.

9장

한순간 무너져버리면
어쩌지?

통제력 상실에 대한 두려움 알아차리기

통제력 상실에 대한 두려움
Fear of losing control

부정적인 감정에 압도되어

생각, 감정, 행동에 대한 자발적인 통제력을 상실하고

그 결과 당황하거나 고통스럽거나

남에게 해를 끼칠 것이라고 믿음

‘곧 폭발할 것 같아….’

‘못 버티겠어. 정신이 나갈 것 같아….’

‘지금 당장 벗어나고 싶어. 안 그러면 무너져버릴 것 같아….’

너무 많은 일이 한꺼번에 닥쳐오고, 더 이상 감당할 수 없다고 느껴질 때, 엎친 데 덮친 격으로 또 다른 나쁜 소식이 들려올 때, 우리는 ‘무너질 것 같은’ 느낌을 받는다. 너무 큰 압력을 받아 결국 쓰러지는 장면, 폭풍우에 한 그루의 나무가 흔들리고 휘어지다가 마침내 뿌리째 뽑히는 장면, ‘버티지 못함’ 또는 ‘무너짐’은 이런 장면들을 떠올리게 한다.

과연 무너진다는 것은 정신 건강에서 어떤 의미일까? 극심한 스트레스나 정신적 압박이 커지다가 갑자기 부정적인 감정이 ‘폭발하는 것’일까? 아니면 불안, 좌절, 분노, 죄책감 등의 감정이 극도로 강렬해져서 완전히 통제력을 잃어버릴까 봐 ‘두려워하는 상태’일까?

정신적 통제력 상실Fear of losing control의 의미에 대해서는 사람마다 생각하는 바가 다를 것이다. 어떤 사람들에게는 소리를 지르거나 호통을 치거나 지나치게 폭발적인 감정을 드러내서 당혹감을 느끼거나 수치심을 경험하는 등 '감정적 통제력'을 잃는 것을 의미한다. 또 다른 이들에게는 무례하거나 공격적으로 변하는 등 '행동 측면의 통제력' 상실을 의미할 수 있다. 공황장애가 일어나서 또는 불편한 상황에서 갑자기 도망치는 모습에서 '정신적 통제력'의 상실을 발견하는 사람들도 있다.

어떤 이미지를 떠올렸든 공통점은 '통제력을 잃었다는 인식'이다. 불안이 있는 사람들 중 상당수가 통제력을 상실할지도 모른다는 두려움을 항상 갖는데, 이런 두려움을 지속시키는 요인은 여러 가지가 있다.

이 주제에 깊숙이 들어가기 전에 먼저, **'통제력을 잃을 것 같은 두려움'**과 **'실제로 통제력을 잃은 상태'**를 구분할 필요가 있다. 통제력을 잃은 사람들은 분노나 공격성을 보이고, 무례하고 날카로운 발언을 쏟아내거나, 부적절한 감정을 표현하는 형태를 보이곤 한다. 어떤 사람들은 충동 조절이 어려워 자신과 주변 사람에게도 심각한 해를 끼치기도 한다. (만약 분노 조절이나 충동 조절에 어려움을 겪고 있다면 반드시 전문가의 도움을 받길 바란다.) 이 장에서 우리가 다룰 주제는 '통제력 상실'이 아니라 통제력 상실에 대한 '두려움'이다. 어느 정도 자신을 통제할 수 있지만 통제력을 잃을까 봐 두려워하는 사람들에게 적합한 내용이 될 것이다.

이것이 당신의 이야기라면, 당신은 원하지 않는 생각, 감정, 행동을 통제할 수 있을지 확신하지 못해서 불안을 느낄 것이다. 즉, 자신의 통제력에 대한 신뢰가 부족한 것이 두려움의 핵심이며, 앞의 그림에서 볼 수 있듯이 통제력 상실에 대한 두려움은 몇 가지 핵심 요소와 연결된다. 현재 상황에 대해 극도로 스트레스를 받으며 감당하기 어려운 상태라고 인식하고, 언젠가 자신이 통제력을 잃을 것이라고 믿으며, 만약 당신이 무너지면 끔찍한 일이 벌어질 것이라는 상상을 한다.

앰버의 이야기를 통해 통제력 상실에 대한 두려움이 어떻게 불안을 유발하고 불안 치료 효과를 저해하는지를 살펴보자.

충동을 끔찍이 두려워하는 앰버의 이야기

앰버는 30대 초반의 독신 여성으로서 소매업계에서 정규직으로 일하며 어느 정도의 독립성과 경제적 안정성을 확보한 상태다. 저소득층의 한부모 가정에서 자란 그녀는 어린 나이에 두 동생을 돌보는 책임을 떠맡아야 했다. 이런 환경 속에서 그녀는 통제력을 잃는 것에 대한 지속적인 두려움을 가지게 되었고, 그 결과 매우 통제적인 성향을 띠게 되었다.

앰버는 모든 것이 계획되고 예상 가능한 방식으로 이루어질 때만 편안함을 느꼈다. 그녀는 즉흥적인 행동을 하기 어려워했다. 주변 사람들은 그녀를 진지하고 신중하며 원칙을 지키는 사람으로 보았지만, 다른 한편으로 유머 감각이 부족하다고도 생각했다. 그녀는 자신이 통제할 수 있는 상황에서 안정감을 느꼈고, 예측할 수 없는 새로운 경험이나 애매한 상황을 큰 도전으로 받아들였다.

앰버는 통제력 상실에 대한 두려움 때문에 불안을 느낀 경험이 많았다. 한번은 허드슨강을 가로지르는 다차선 현수교를 운전해 건너던 중, 갑자기 '핸들을 옆으로 확 꺾어버릴까?'라는 충동이 들었다. 그녀의 머릿속에는 차가 가드레일을 넘어 60미터 아래 강으로 추락하는 장면이 생생하게 그려졌다. 그 장면과 감정이 너무 강렬해서 앰버는 그 후로 현수교를 건너는 것을 두려워하게 되었다. 그녀는 이렇게 끔찍한 장면이 떠오르는 것이 무슨 의미일지 고민했다. 자제력이 부족한 것일까? 혹은 언젠가 정말 이런 행동을 하게 되는 건 아닐까?

이런 일은 또 있었다. 앰버는 횡단보도에서 버스나 트럭이 다가올 때, 갑자기 찻길로 뛰어들고 싶은 충동을 느낀 적이 있었다. 이런 충동이 들었다는 것에 너무 놀란 그녀는 이후 보도블록의 가장자리에 서는 것이 두려워졌다. 기차나 지하철을 기다릴 때도 비슷한 충동이 든 적이 있었던 그녀는 역시 플랫폼의 끝 라인에서 멀찍이 떨어져 지하철을 기다리는 습관이 생겼다. 앰버는 정말로 궁금했다.

'원치 않는 충동이 불현듯 일어나는 까닭은 무얼까? 이 충동은 무엇을 의미하는 걸까? 그리고 언젠가 정신이 '무너져서' 정말로 행동으로 옮기는 건 아닐까? 아니면 무의식적으로 죽음을 원하고 있다는 의미일까? 이러다 정말로 기차에 뛰어드는 날이 오는 게 아닐까?'

다른 한편으로 앰버는 성적인 침투적 사고intrusive thought에도 시달렸다. 침투적 사고란 원치 않거나 불편한 생각이 갑자기 떠오르는 현상을 의미하는데, 갑자기 위험한 행동을 상상하거나, 과거의 실수를 떠올리거나, 불길한 일이 일어날 것 같은 생각이 드는 경우가 이에 포함된다.

앰버에게 떠오른 내용은 이랬다. 어느 날 저녁, 친구 집에서 친구의 네 살 된 딸아이가 앰버의 무릎 위에 올라와 동화책을 읽어

달라고 했다. 그녀는 동화책을 읽던 중, 불현듯 '혹시 내가 지금 성적으로 흥분하고 있는 건 아닐까?'라는 생각이 들었다. 자신이 이런 생각을 했다는 사실에 충격을 받은 그녀는 즉시 자신의 신체 반응을 확인해보기 시작했다. 허벅지 안쪽에서 작은 떨림이 느껴지는 것 같았고, 그녀는 그것이 흥분한 증거가 아닐지 의심했다. '내가 소아 성범죄자가 될 수도 있다는 징조일까? 내가 통제력을 잃으면 아이를 해칠 수도 있을 거라는 뜻일까?'

앰버는 두려움에 사로잡혔다. 통제력을 상실하고 끔찍한 범죄를 저지를 수도 있다는 두려움이 생기자 그녀는 아이들이 주변에 있으면 불안해졌다. 이후 아이들을 철저히 피했고 TV나 영화에서 어린아이가 나오는 장면도 편하게 볼 수 없었다. 특히 어린 여자아이가 보이면 혐오스러운 생각이나 감정을 느낄까 봐 불안했다.

앰버가 이렇게 통제력 상실에 대한 두려움에 사로잡혀 있었지만, 현실에서 그녀는 매우 도덕적이고 윤리적인 가치관을 가진 사람이었다. 정직과 성실이 삶의 중요한 원칙이었으며, 주변 사람들은 그녀를 신뢰할 수 있는, 차분하고 신중한 사람으로 여겼다. 흥분하거나 자제력을 잃은 모습을 남들에게 보인 적도 거의 없었으며, 항상 계획과 의도에 따라 행동했다. 다른 사람에게 어떻게 반응할지도 신중히 고민하는 편이었다. 오히려 가족과 친구들은 "앰버, 좀 느슨해지는 건 어때? 너무 진지하게만 살지 말고 즐기면서 살아!"라고 말하곤 했다. 하지만 그들은 몰랐다. 앰버가 통제력을 잃을지도 모른다는 두려움에 사로잡혀 있다는 것을.

당신도 앰버처럼 통제력 상실에 대한 두려움을 가지고 있는가? 순간적으로 감정을 주체하지 못해 부끄럽거나 해로운 행동을 할까 봐 두려운가? 통제력을 잃을 것 같은 불안에 특정 상황을 피하고 있는가? 이 두려움을 극복하기 위해 앰버는 자신의 생각, 감정, 행동을 통제할 수 있다는 믿음을 키워야 했다.

자기 통제력의 한계에 다가가기

자기 통제력을 완전히 잃어본 적이 있는가? 내가 묻고 싶은 것은 통제력 상실에 대한 두려움이 아니라 달리 평소에는 절대 하지 않을 행동을 할 정도로 통제력을 완전히 잃어본 경험이 있는지다. 단순히 우스꽝스러운 행동이나 즉흥적인 행동을 한 것이 아니라, 자신과 타인에게 어떤 피해가 있을지 전혀 신경 쓰지 않고 충동적으로 행동한 적이 있는가? 통제력을 상실하고 돌발 행동을 해본 석이 있는가?

앰버는 통제력 상실에 대한 두려움을 해결하기 위해 가장 먼저 자신의 통제력을 '연속선continum'의 개념으로 바라보기 시작했다. 그녀는 연속선의 0% 지점인 '통제력을 완전히 잃을 때' 어떤 일이 벌어질지 상상해보았다. 이어서 연속선의 반대쪽 끝인 100%에서,

생각, 감정과 행동을 '완전히 통제할 수 있을 때'의 상황을 설명하는 것이었다. 앰버가 생각하는 자기 통제력의 양극단은 다음과 같았다.

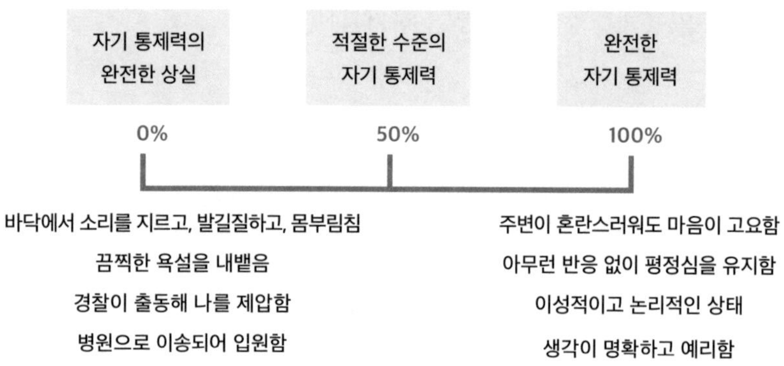

다음으로 앰버는 통제력을 잃을 것이 두려웠던 모든 경험을 연속선에 배치해보았다. 예를 들어, 그녀는 자신이 아이들에게 성적으로 끌린다는 불쾌한 침투적 사고를 떠올린 적이 있다. 이 경험을 자기 통제력 연속선에서 어디에 놓아야 할까? 분명 0%는 아니다. 그녀는 아이를 해친 적도 없고 그런 행동을 저지를 뻔한 적조차 없기 때문이다. 그렇다고 100%라고 할 수도 없다. 그녀는 원치 않았던 역겨운 생각이 의지와 상관없이 떠올랐으니 60% 정도라고 평가했다.

이 정도의 통제력을 불현듯 품게 된 생각이나 감정, 행동을 두려워할 필요가 있을까? 정말로 두려워해야 할 것은 0%에 가까운 경험일 것이다. 그 외의 모든 경우에는 심각한 사태가 벌어지는 것을 막을 수 있을 정도의 충분한 자기 통제력이 작용할 것이다.

이 연습의 마지막 단계로서 앰버는 자신이 가장 심하게 통제력을 잃었다고 생각했던 경험을 떠올렸다. 그녀가 어렸을 때 남동생이 학교에서 몰래 빠져나갔다가 집에 돌아오지 않은 적이 있었다. (한부모 아래에서 자란 그녀가 어릴 적부터 두 동생을 보살펴야 했다는 걸 상기하자.) 결국 동생을 찾아 나섰고 마침내 그를 발견했을 때 그녀는 '완전히' 이성을 잃었다. 소리를 지르고 울면서 '멍청한 짓'을 한 동생을 혼냈다. 동생을 찾아 헤매는 내내 동생이 큰 사건에 휘말려 경찰서에 잡혀 있지는 않을까 걱정했기 때문이다.

그 상황에서도 앰버는 20%의 자기 통제력을 유지하고 있었다. 그녀는 곧 마음을 가라앉히고, 동생에게 다시는 무단으로 학교에서 벗어나지 않겠다는 약속을 받았으며, 다음번에는 즉시 어머니에게 알리기로 다짐했다. 결과적으로 동생은 그 후로 학교를 빠지지 않았고, 현재는 변호사가 되어 성공적인 삶을 살고 있다.

우리는 여기서 단 20%의 자기 통제력만으로도 끔찍한 결과를 막을 수 있었음을 알 수 있다. 이 연습을 통해 앰버는 자신이 항상 어느 정도의 자기 통제력을 유지하고 있으며, 자신이 통제력을 완전히 상실할 것에 느끼는 두려움은 근거 없는 감정임을 알게 되었다.

자기 통제력의 한계를 알아차리기

앰버는 자기 통제력이 약하다고 믿었기 때문에 통제력을 잃는 것에 대한 두려움을 갖고 있었다. 언제든지 사소한 계기로 무너질 수 있다는 생각에 사로잡혀 항상 경계하며 살아야 한다고 느꼈다. 하지만 앰버가 잘못 생각하고 있었던 것은 아닐까? 자기 통제력이 부족한 것이 아니라 '지나치게 강한' 것이 문제가 아닐까? 실제로는 높은 수준의 통제력을 유지하려고 애쓴 것이 통제력 상실에 대한 두려움을 가져온 것이 아닐까? 그렇다면 해결책은 통제하려는 노력을 줄이는 것이다.

앰버는 원치 않는 불쾌한 생각이나 이미지, 충동이 갑자기 떠오를 때마다 통제력을 잃을 것 같은 두려움을 느꼈다. 그녀는 침투적 사고를 억누르려고 필사적으로 노력했지만 그리 성공적이지 못했다. '다른 사람들도 이런 끔찍한 생각을 하는 걸까?' 그녀는 혹여 충동적인 생각이 떠오르더라도 '자기 의지로' 이를 떨쳐버릴 수 있다고 믿었다. **사실상 불가능한 정신적 통제력의 경지에 이를 수 있다고 잘못 생각**한 것이다.

과연 의지로 충동을 떨쳐버릴 수 있을까? 이 가정을 검증하기 위해 앰버에게 '흰곰 실험'을 제안해보았다. 실험 방법은 다음과 같다. 먼저 2분 동안 최대한 집중력을 유지하며 '흰곰'을 생각한다. 이 과정에서 딴생각이 떠오를 때마다 체크 표시를 한다. 2분의 집중 시간이 끝난 후 딴생각을 한 횟수를 기록해둔다. 그다음 2분 동안은 '흰곰을 생각하지 않기' 연습이다. 2분 동안 흰곰이 떠오르면 역시 체크 표시를 한다. 실험이 끝난 후 몇 번이나 흰곰이 떠올랐는지를 세어본다.

앰버는 여러 가지 생각과 이미지로 같은 실험을 반복해보았다. 심지어 '아이에게 성적 끌림을 느낄 수 있다'는 생각을 포함하여 그녀를 가장 불안하게 만드는 생각으로도 실험을 했다. 이 실험을 통해 앰버는 생각과 이미지가 무의식적으로 떠오르는 것을 완전히 막는 것이 불가능하다는 사실을 깨달았다. 친구나 가족에게 흰곰 실험을 해보면 알겠지만, 생각을 100% 통제할 수 있는 사람은 아무도 없다.

물론 우리는 정상적인 삶을 살아가기 위해 상당한 수준의 정신적 통제력을 발휘하고 있지만 자기 통제력에는 한계가 있다. 0%는 넘지만 100%도 아니다. 중요한 점은 생산적이고 평화로운 삶을 살 수 있을 만큼의 자기 통제력을 지니고 있다는 것이다. 원치 않는 불편한 생각을 완전히 없애고 다시는 떠오르지 않게 할 정도의 자기 통제력이 없을 뿐이시.

이 실험을 통해 앰버는 통제력의 한계를 현실적으로 이해하면서, 침투적 사고를 절대 떠올리지 않겠다는 불가능한 목표를 자신에게 강요하는 일을 멈췄다. 불가능한 목표를 이루려다가 실패하는 것은 오히려 통제력 상실에 대한 두려움을 키울 뿐이다.

자기 통제력의 한계를 실험해보기

앰버는 통제력 상실에 대한 두려움 때문에 많은 상황을 피하곤 했다. 인지행동치료에서는 '회피'의 정반대인 '노출' 개념을 통해 두려움에 정면으로 맞서는 법을 제안한다. 예를 들어, 앰버는 뛰어내리고 싶은 충동이 들더라도 난간 가까이로 한 걸음씩 다가가는 연습을 했다. 같은 방식으로, 핸들을 꺾을지도 모른다는 기분이 들 수도 있지만 현수교를 운전해서 건너는 연습도 반복했다. 그리고 친구의 아이들과 더 많이 어울리려 노력했다. 이런 '노출' 경험 하나하나는 통제력 상실에 대한 두려움과 맞서는 강력한 방식이었다. 이런 경험을 통해서 앰버는 자신의 두려움에 이렇게 말했다.

봐, 난 자기 통제력을 갖고 있어. 불안할 수도 있고 원치 않는 생각이나 충동이 나타날 수 있지만 난 통제력을 잃지 않아. 두려워할 것은 아무것도 없어. 머릿속에 떠오르는 생각과 충동은 내 통제력과는 아무런 상관이 없어. 나는 원치 않는 결과를 막을 만큼 충분한 행동 통제력을 가지고 있으니까.

그녀는 더욱 즉흥적으로 행동해보기 위한 단계적 접근을 했고, 평소에는 전혀 하지 않을 행동도 시도했다. 이렇게 자신을 시험하는 행동은 대부분의 사람에게 별것 아니겠지만 앰버에게는 꽤 위험하게 느껴졌다. 예를 들어, 친구나 직장 동료에게 농담하기, 평소보다 더 오래 더 크게 웃기, 친구의 말을 들으며 표정 일그러뜨리기, 대화에 불쑥 끼어들기와 같이 앰버가 상상만 해도 불안했던 행동을 해보는 것이다. 이것은 매우 '그녀답지 않은' 행동이지만 앰버는 그 덕분에 중요한 교훈을 얻었다. 그녀가 사소하고 가벼운 대화에 끼어드는 것조차 어려워한다는 사실은 그녀가 통제력을 잃을 리 없다는 증거였다. 통제력을 잃거나 즉흥적이고 충동적으로 행동하는 것은 앰버의 성향과 전혀 맞지 않았다.

불안을 느낀다고 해서 항상 통제력 상실을 두려워하는 것은 아니다. 만약 앰버의 이야기에 전혀 공감할 수 없다면, 당신이 느끼는 불안은 통제력 상실의 두려움과 무관할 수 있다. 아니면 정말로 감정을 억제하지 못해 스스로나 타인에게 실제 피해를 주고 있을 가능성도 있다. (다시 한번 강조하지만, 통제력 상실을 실제로 경험하고 있다면 이 장에서 제안한 방식과는 완전히 다른 치료적 접근이 필요하다.) 하지만 앰버처럼 원래 자기 통제가 강한 성향을 지녔고, 그로 인해 통제력을 잃는 것에 대한 깊은 두려움을 느끼는 편이라면, 이번 장에서 제시된 방법이 도움이 될 수 있다. 두려움에 맞서기 위한 노력을 시작할 때 고려해야 할 몇 가지 사항이 있다.

▪ 5장에서 다룬 '재앙적 사고'를 상기해보자. 통제력 상실에 대한 두려움에는 항상 재앙적 사고가 작용한다. 불안이 생기면

통제력을 잃고 심각하거나 수치스러운 일을 저지를지도 모른
다는 '최악의 시나리오'를 떠올리는 경향이 있다. 이런 생각에
맞서려면 통제력이 '완벽하거나 전혀 없다'는 이분법적 시각
대신, 통제력에도 다양한 정도가 있다는 사실을 인지하는 연
습을 반복해야 한다.
- 물론 생각을 바꾸는 것만으로 통제력에 대한 두려움을 떨쳐낼
수는 없다. 그 두려움이 너무 자동적이고 원초적이며 감정적
이기 때문이다. 그래서 두 번째 방법인 두려움이 생기는 상황
에 자신을 노출하는 연습과 세 번째 방법인 과도한 통제를 완
화하는 연습이 필요하다.

위의 방법들을 인내심을 가지고 연습한다면, 통제력을 잃는 것
에 대한 두려움과 멀어질 수 있다. 통제력 상실에 대한 두려움을
크게 부추기는 또 다른 원인은 바로 두려움 또는 불안 자체를 느
끼는 경험이다. 불안이 느껴질 때 '내가 완전히 무너질지도 몰라.
그렇지 않다면 왜 이렇게 불안해지겠어?'라고 생각하는 경향이
있기 때문이다. 우리는 이를 '감정적 추론'이라고 부른다. 바로 다
음 장에서 이 주제에 대해 살펴볼 것이다.

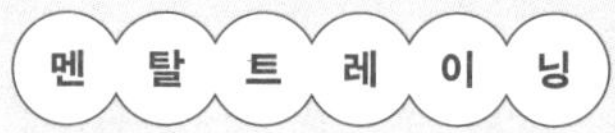

나는 통제력을 잃고 완전히 무너질 사람일까?

통제력 상실에 대한 두려움을 경험하는 사람이라면 자신의 생각, 감정, 행동을 스스로 통제할 수 있다는 믿음을 키우는 것이 무엇보다 중요하다. 이를 위해 자기 통제력의 한계에 다가가 자신이 항상 어느 정도의 통제력을 유지하고 있다는 것을, 그러므로 통제력을 잃을까 봐 두려워하는 감정에 근거가 없음을 알아차려야 한다.

'통제력 상실에 대한 두려움'의 연속선은 **이어지는 하나의 스펙트럼을 통해 상황에 따라 자신의 통제력 정도가 다르다는 것을 묘사한다.** 한쪽 끝 '통제력 0%'에는 절대적인 통제력 상실의 상황을 나열하고, 다른 한쪽 끝에는 절대적인 통제력을 발휘하는 사고, 감정, 행동을 나열해보자.

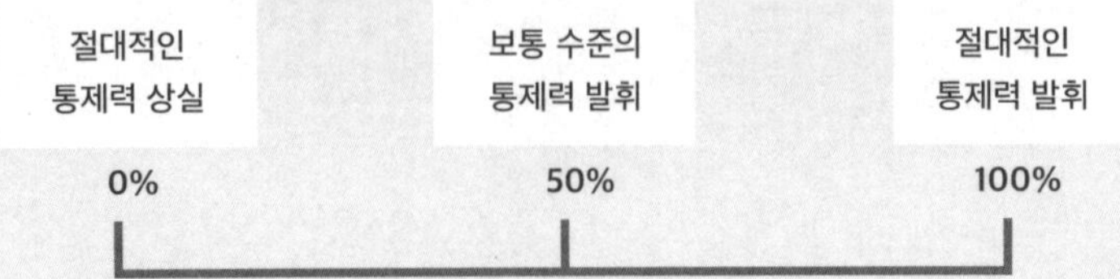

절대적인
통제력 상실

보통 수준의
통제력 발휘

절대적인
통제력 발휘

- 극단적인 정의 설정하기

먼저 나만의 기준선을 설정하기 위해 **연속선의 각 끝이 무엇을 의미하는지** 적어보자. 예를 들어, 앰버는 통제력 0%를 '바닥에 주저앉아 소리 지르고, 발버둥 치고, 몸부림치는 것' 등으로 정의했다. 반대로 통제력 100%는 '완벽하게 평온함, 아무런 반응도 보이지 않음, 완전히 이성적이고 합리적임' 등으로 정의했다.

- 자신만의 경험을 배치하기

다음으로 **통제력 상실에 대한 두려움과 관련된 모든 경험**을 이 연속선 위에 배치해보자. 각 경험이 연속선의 정확히 어느 지점에 가야 하는지, 그리고 특정 순간에 당신이 얼마나 통제력을 가지고 있었는지 곰곰이 생각해보자.

- 최악의 경험을 떠올리며 성찰하기

마지막으로 **통제력 상실을 경험했던 최악의 순간**을 상기해보고, 다음의 질문을 던져보자. 그 최악의 사건에서조차 당신이 정의내린 '0% 통제력' 상태였는가? 아니면 그 상황에서도 어느 정도의 통제력을 유지했는가? 당신의 경험은 통제력을 완전히 상실할 것이라는 당신의 두려움을 어느 정도 뒷받침해주는가?

물론 생각을 바꾸는 것만으로 통제력에 대한 두려움을 완전히 떨쳐낼 수는 없을지도 모른다. 하지만 과도한 통제를 완화하는 연습을 하다 보면 '완전히 무너질지 모른다'는 두려움에서 점차 벗어날 수 있을 것이다. 나를 가두는 것은 잘못된 생각과 감정일 뿐이라고 믿어보길 바란다.

물론 생각을 바꾸는 것만으로 통제력에 대한 두려움을 완전히 떨쳐낼 수는 없을지도 모른다. 하지만 과도한 통제를 완화하는 연습을 하다 보면 '완전히 무너질지 모른다'는 두려움에서 점차 벗어날 수 있을 것이다. 나를 가두는 것은 잘못된 생각과 감정일 뿐이라고 믿어보길 바란다.

10장

두려움이
두려움을 낳을 때

감정적 추론이 울리는 고장 난 경보기 수리하기

감정적 추론
Emotional reasoning

두려움, 불안 또는 걱정과 같은 감정을 느낀 경험을

자신 또는 소중한 사람들에게 닥친 실질적인 위협이나

위험의 증거로 해석하는 인지적 편향

▲ ▲ ▲

"우리가 두려워 해야 할 것은 오직 두려움 그 자체뿐이다."

1933년 프랭클린 D. 루스벨트 대통령이 취임 연설에서 한 유명한 이 말을 개인의 심리 상황에도 적용할 수 있다. 우리 대부분은 '두려움 편향'이 있다. 이는 두려움을 싫어하고 피해야 할 감정으로 여길 뿐만 아니라 두려움의 경험이 두려움을 더욱 키우는 경향을 말한다.

'두려움은 더 큰 두려움을 낳는다.'

강렬한 감정에 휩싸여 존재하지도 않는 위협을 상상해본 적이 있는가? 예를 들어, 건강검진 결과를 기다리며 불안한 감정에 압도된 적은? 감정에 집중할수록 불안감이 더 커지고 건강에 문제가 있을 것이라고 확신하게 된다. 이처럼 '감정적 추론emotional reasoning'은 단순히 부정적인 감정에 집중하는 것을 넘어 건강하지 못한 악순환을 통해 감정을 왜곡한다.

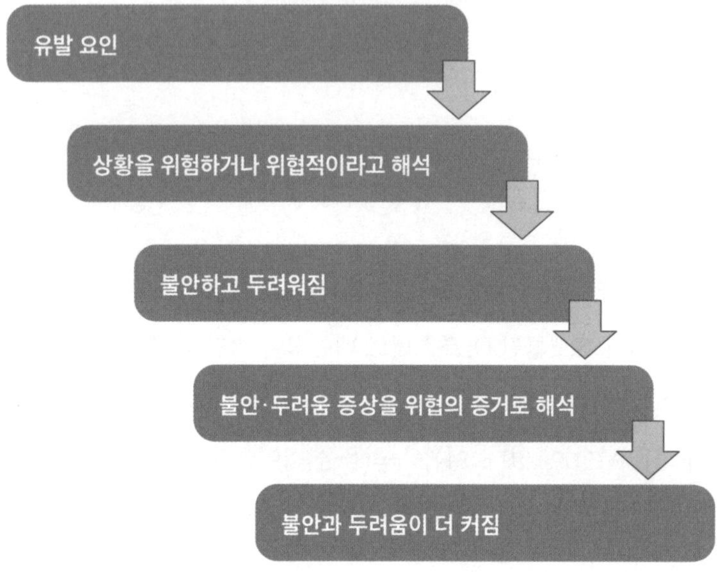

어떤 상황이 본능적으로 자신에게 또는 소중한 사람에게 위협적이거나 위험하다고 인식되면 우리는 자연스럽게 두려움이나 불안을 느끼게 된다. 감정적 추론은 이런 악순환 고리의 중간에 작용하여 이와 같은 생각을 만들어낸다.

'지금 내가 불안하니까 지금 상황은 분명히 위험한 거야.'

두려움이나 불안함을 느낀다는 사실이 현재 상황이 위협적이라는 증거가 되는 것이다. 그렇게 되면 위험에 빠졌다는 확신이 강해지고 불안과 두려움이 더욱 커진다. 감정이 강렬해질수록 위협이 찾아왔다는 믿음도 강해진다. 이렇게 불안이 계속 증폭되고 감정적 추론의 악순환이 본격적으로 시작된다.

비행기를 타본 경험을 떠올리면 감정적 추론이 어떻게 작용하는지 쉽게 이해할 수 있다. 당신이 비행에 대한 두려움이 있다면 어떤 경험을 할까? 좌석에 앉은 후 문이 닫히고 승무원들이 이륙 준비를 한다. 붐비는 기내의 공기가 무겁고 답답하게 느껴진다. 비행기가 활주로로 이동하는 동안 당신은 긴장하며 마음의 준비를 한다. 심장이 빨리 뛰고, 호흡이 가빠지고, 몸이 후끈해지고, 땀이 나기 시작한다. 두려움과 불안이 점점 커지는 것이 확실히 느껴진다.

당신은 이륙이 가장 위험한 순간이라고 생각하며 눈을 질끈 감고 기도하며 비행기가 활주로를 질주하며 상승하는 과정을 견딘다. 비행기가 부드럽게 이륙한 후에야 비로소 약간의 안도감이 찾아온다. 하지만 이륙 직후 엔진 출력이 줄어들며 엔진 소리가 급격히 작아진다. 불현듯 '뭔가 문제가 생긴 건가?'라는 생각이 든다. 비행기 추락 장면이 머릿속을 스쳐 지나가며 공포가 치솟는다. 그리곤 이제 완전한 공황 상태에 빠졌다.

조종사가 이륙 후 엔진 출력을 낮춘 것이 왜 불안한 사람들에게는 문제가 될까? 답은 감정적 추론에 있다. 불안과 두려움을 실제 위험의 신호로 해석하고 파국적 결과를 상상하면서 불안을 키우는 것이다.

‘왜 엔진 출력이 줄어들었지? 뭔가 잘못된 게 틀림없어. 지금 너무 무서운데, 그렇다면 정말 위험한 상황이란 뜻이겠지. 그렇지 않고서야 내가 왜 이렇게 겁을 먹었겠어?’

이렇게 두려움은 더 큰 두려움을 불러온다. 하지만 현실에서는 아무 일도 일어나지 않았다. 조종사는 정상적으로 엔진을 조작한 것뿐이다.

감정적 추론은 안토니아가 겪었던 여러 두려움과 공포증의 주된 요인이었다. 두려움은 그녀의 삶을 여러 면에서 가로막았고 그녀가 오랫동안 우울증과 싸워온 원인이 되었다.

두려움에 극도로 예민한 안토니아의 이야기

안토니아가 기억하는 한 두려움이란 언제나 삶을 지배해온 강력한 감정이었다. 어린 시절 그녀는 어둠을 무서워했고, 악몽에 자주 시달렸고, 깊이 잠을 이루지 못했다. 성인이 돼서도 오히려 두려움은 더 강렬해졌다. 그녀는 자신의 감정에 극도로 민감하게 반응했다. 특히 두려움과 불안을 용납할 수 없는 감정으로 여겼다. 그래서 두려움과 불안이 걷잡을 수 없이 커지기 전에 어떻게든 차단하려고 애를 쓰고 또 썼다.

안토니아는 감정이야말로 가장 신뢰할 수 있는 마음의 나침반이라고 생각하며 '마음의 소리를 들어야 한다'고 믿는다. 따라서 불안이나 두려움을 느낄 때마다 이 감정이 해로운 일이나 위험을 예고하기 때문에 이를 심각하게 받아들이고 예방 조치를 취해야 한다고 생각한다. 감정에 대한 안토니아의 이런 믿음은 감정적 추론이 자리 잡기에 완벽한 환경을 제공했다.

안토니아는 불안 때문에 비행기를 타지 못했다. 마지막으로 비행기를 탔을 때 그녀는 극심한 공황발작을 겪었고 그 경험 이후 다시는 비행기를 타지 않겠다고 다짐했다. 비행기가 가장 안전한 교통수단이라는 말을 들었지만, 그녀의 두려움은 그 말을 부정했다. 그녀의 '마음'은 '안토니아, 육상으로 다녀야 해. 다음번에 비행기를 타면 추락할지도 몰라'라고 말했다.

안토니아는 운전할 때도 극도로 긴장했다. 운전 중 불안을 느끼면 그것을 '위험하다'는 증거로 해석했다. 과도하게 조심하는 습관은 운전 실력에 악영향을 미쳤다. 그녀는 후방 추돌을 극도로 두려워한 나머지 운전하는 내내 백미러를 끊임없이 확인했다. 그러던 중, 차들이 가다 서다를 반복하는 정체 상황에서 뒤쪽에서 빠르게 다가오는 차량을 신경 쓰느라 앞차가 멈춘 것을 보지 못하고 그대로 앞차를 들이받았다.

안토니아가 붐비는 쇼핑몰이나 상점을 피하는 것도 감정적 추론과 관련이 있었다. 그녀는 사람이 많으면 불안을 느꼈고 이것을 '공공장소가 안전하지 않다'는 신호로 해석했다. 이 경우에도

그녀는 이렇게 결론지었다. '위험을 감수하느니 아예 피하는 것이 낫지.'

가짜 감정을 모른 척하는 법

안토니아는 인생 첫 심리치료를 받기 시작했다. 나는 안토니아가 두려움, 불안, 회피 행동을 극복할 수 있도록 감정적 추론 편향에 대처하기 위한 몇 가지 전략을 추천했다. 감정에 과도하게 집중하는 습관을 줄이기 위해 주의를 전환시키고, 불안이 실제로 임박한 위험을 알리는 진짜 신호인지, 아니면 잘못된 경보인지 조사하고 평가하는 과정을 거치는 것이었다.

감정적 추론 편향에서 벗어나기 위한 첫 번째 단계는 **'현재' 일어나고 있는 일에 집중하는 것**이다. 안토니아는 불안이나 위험을 느낄 때 자신의 '감정'에만 완전히 집중했다. 그녀는 감정에 지나치게 몰입하느라 주변에서 일어나고 있는 일은 시야에서 점점 사라졌다. 시야가 너무 좁아지면 감정적 추론에 빠지기 쉽다. 이런 편협한 사고방식에서 빠져나오기 위해 안토니아는 시야를 넓혀 주변 환경을 바라보는 방법을 익혀야 했다. 주의 전환 전략은 두 단계로 이루어진다.

감정에 몰입하지 않고 현재에 집중하는 '주의 전환법'

먼저, 현재 상황 속에서 자신이 어떤 감정을 느끼는지 인식하고 다음의 문장을 완성해서 자신에게 말해보는 것이다.

"나는 지금 (현재 하는 것)을 하면서 (현재의 감정)을 느끼고 있다."

(예시 : "나는 지금 걸으면서 두려움을 느끼고 있다."

"나는 지금 마트에서 장을 보면서 공포감을 느끼고 있다.")

안토니아는 느껴지는 감정을 인정하는 것까지는 수월하게 할 수 있었지만, 그 감정에 대해 진지하게 생각하진 않았다. 하지만 현재 내가 처한 상황은 어떤지, 그리고 내가 이 상황에서 무엇을 하고 있었는지를 함께 인식함으로써 내가 느끼는 감정이 현재 상황과 관련되어 있음을 깨달을 수 있다.

감정에서 주변 '환경'으로 주의를 전환하는 법

다음으로, 자신이 있는 공간을 자세히 묘사해보는 것이다. 주변 환경의 물리적 특성이나 사람들, 오감(시각, 청각, 후각, 촉각, 미각)에서 얻는 정보를 세밀하게 관찰하고 가능한 한 구체적이고 자세하게 포착한다. 다시 두려움이 느껴진다면 두려움이 있음을 인정하고 주변 환경을 머릿속에서 관찰하는 활동으로 돌아간다.

안토니아는 퇴근 후 붐비는 마트에 가서 이 전략을 활용하여 그녀의 주변 환경을 살펴보고 자신과 내면의 대화를 나눴다.

나는 지금 마트에 들어서면서 불안을 느끼고 있어. 생각보다 사람이 많군. 심장이 빠르게 뛰고, 어지럽고, 온몸이 긴장되네. 어찌할 바를 몰라 당장이라도 뛰쳐나가고 싶어. 하지만 나는 마트에 이렇게 서 있고 카트를 가지러 가고 있어. ▸현재 환경에서 느껴지는 감정을 인식

나는 손잡이를 꽉 쥐고 카트를 밀기 시작한다. 이런, 바퀴 하나가 제대로 움직이지 않네. 채소 코너로 가본다. 매장 안의 찬 공기가 느껴져. 주차장에서 걸어올 때는 텁텁하고 뜨끈하게 느껴졌던 공기였는데, 이제 숨쉬기가 조금 편해진 것 같아. 과일을 살펴보면서 신선한 제품을 고르려고 노력한다. 과일을 손으로 만져보며 잘 익었는지 느껴본다. 쇼핑을 계속한다. 상품마다 유통기한도 하나하나 확인하면서 카트에 담는다. 사람들의 옷차림, 표정을 둘러보고 카트에 무엇을 담는지도 유심히 살펴본다. ▸현재 환경으로 주의 전환

아, 다시 불안이 올라오네. 하지만 이제 어지럽진 않아. 약간 긴장은 되지만 숨도 정상적으로 쉬고 있고. 좋아. 내가 하고 있는 일과 지금 있는 장소로 돌아가자. 내 주변 환경에 집중하자. 괜히 카트로 다른 사람을 치면 안 되니까.

안토니아는 이렇게 두려움과 불안함에서 주변 환경으로 주의를 돌리는 연습을 하면서 두려움을 조금씩 다스렸다. 그녀에게 붐비는 마트는 분명 스트레스를 주는 공간이겠지만, 그녀가 두려움을 느낄 만한 위험이 정말 존재할까?

감정이 아닌 주위 환경으로 시선을 돌리기

이제 주변 환경에서 위협적이거나 미심쩍거나 불안감을 유발하는 요소를 찾아보자. 동시에 **지금의 환경에서 안전함을 나타내는 요소**도 확인한다.

안토니아는 마트의 각 코너를 돌아보면서 그녀의 마음을 불편하게 하는 요소를 발견했다. 시끄럽고 불량해 보이는 10대 학생들이나 화가 나 보이는 체구가 큰 중년 남성, 바쁘게 물건을 찾아다니느라 부주의하게 카트를 몰고 다니는 사람들이 보였다. 계산대 줄이 너무 길었고 셀프 계산대를 이용하기에는 카트에 너무 많은 물건이 담겨 있었다. 그녀는 곰곰이 생각하다가 이 요소들이 불편한 기분을 줄지언정 신체의 안전이 위협받고 있다는 징조가 아니라는 것을 깨달았다.

다음으로 그녀는 안전을 나타내는 요소를 찾아보았다. 사실 아무도 그녀를 신경 쓰고 있지 않았다. 사람들은 다들 바빠 보였고

각자 볼 일에 집중하고 있었다. 보안 담당 직원이 매장 안을 서성였는데, 마트 내에 수상한 사람이 있다고 생각하지 않는 것으로 보였다. 모든 직원은 자기 업무를 보느라 정신없었고 걱정스러운 얼굴을 하거나 겁먹은 사람은 한 명도 없었다. 몇몇 중년 여성들도 장을 보고 있었는데, 그들 역시 두려운 기색이 없었다. 안토니아는 '상상 속의 위협'과 안전의 증거를 비교한 후 이 상황에서 위험을 가정하는 것보다 안전을 가정하는 것이 더 현실적이라는 결론을 내렸다.

이 상황이 언제든 바뀔 수 있을까? 물론이다. 하지만 지금 상황은 위협적이라기보다 안전한 쪽에 훨씬 가깝다. 그녀가 마트에서 느꼈던 불안과 공포는 '거짓 경보'였던 것이다.

거짓 경보와 진짜 경보를 구별하는 법

두려움은 생존에 필수적인 감정이다. 두려움은 위험을 방지하는 조처를 하라고 경고하는 역할을 한다. 겨울철 운전 중 차가 갑자기 미끄러지며 제동이 되지 않는 상황을 경험하면 공포를 느끼게 된다. 이후에는 도로에 블랙 아이스가 있을까 봐 주의를 기울이게 된다. 이런 상황에서 두려움은 유용하고 필요한 감정이다. 두려움을 느끼고 나면 위험한 도로에서 속도를 줄이거나 운전을 피하는 선택을 하게 된다. '빙판길에서는 조심히 운전해야 해!'라고 뇌가 지시를 내리는 것이다.

하지만 두려움과 불안은 종종 거짓 경보를 울린다. 도로 상태가 좋고 교통 체증이 없는 원활한 상황에서도 우리는 불안을 느낄 수 있다. 그렇다면 지금 느끼는 두려움이 실제 위험을 경고하는 진짜 경보인지, 아니면 거짓 경보인지 어떻게 구별할 수 있을까?

거짓 경보와 진짜 경보를 구별하는 한 가지 방법은 **두려움이나 불안의 근원을 찾는 것**이다. 우리는 불안이나 두려움을 느끼면 본능적으로 그 원인을 찾으려고 한다. 그러나 뇌가 거짓 경보를 너무 많이 보내고 있다면 우리에게 자동으로 나타나는 반응에 의존해서는 안 된다. 그 대신에 두려움, 불안, 걱정의 근원을 신중하게 다시 살펴볼 필요가 있다. 이것이 안토니아가 불안함을 느낄 때마다 연습한 것이다. 그녀는 불안이 닥쳤을 때 다음과 같은 질문을 스스로 했다.

질문 1. 이 상황에서 대부분의 사람이 불안이나 두려움을 느끼는가?

질문 2. 이 상황을 피하면 실제로 피해를 보거나 다치거나 죽을 위험이 크게 줄어드는가?

질문 3. 만약 내가 두려워서 이 상황을 회피한다면, 내 삶의 질과 독립성이 부정적인 영향을 받는가?

질문 4. 만약 내가 두려움이나 불안을 무시하고 이 상황에 머물러 있다면, 그것이 나를 더 강하고 회복력 있는 사람으로 만들까? 시간이 지나면 불안과 두려움이 자연스럽게 사라질까? 고장 난 도난 경보기를 고치듯 내 두뇌가 민감도를 재설정해 더 정확한 신호를 보내는 법을 학습할 수 있을까?

안토니아는 마트에서 불안을 느꼈을 때 이 질문들을 떠올렸다. 그녀는 질문 1과 2에는 '아니다'라고 답했고, 질문 3과 4에는 '그렇다'라고 답했다. 분명 그녀가 마트에서 느낀 불안은 거짓 경보였다. 오류가 생긴 도난 경보기처럼 가장 적절한 대처 방법은 불안을 무시하고 장보기를 계속하는 것이었다.

고장 난 경보기를 무시하고 행동에 나서기

자신이 느끼는 두려움이나 불안이 거짓 경보이며, 실제 외부의 위험에서 온 것이 아니라 나의 내면에서 온 것이라는 사실을 깨달았다면? 두려움이나 불안에 굴복해 현재 상황에서 빠져나오는 것은 오히려 불안함을 강화하고 감정적 추론 편향을 굳어지게 만든다. 따라서 두려움이 거짓 경보임을 인식한 다음에는 잇따르는 행동 계획을 세우는 것이 중요하다. **초연한 관찰자가 된 듯 현재 활동을 지속하면서 두려움이나 불안이 오르락내리락하도록 그대로 두는 것이다.** 마치 고장 나서 시끄럽게 울리는 경보기를 무시하는 경찰처럼.

안토니아는 이 전략을 운전 불안을 다루는 데에도 활용했다. 언제든 교통사고가 일어날 수 있고 목숨을 잃는 사람도 때때로 있을 것이다. 그러나 그녀는 자신이 운전할 때 느끼는 불안이 도로의 위험을 경고하는 데 신뢰할 만한 수단이 아니라는 사실을 깨달았다. 그녀의 두려움 체계는 지나치게 활성화되어 꾸준히 거짓 경보를 보내고 있었기 때문이다. 그녀는 운전 습관을 바꿔 더 이상 두려움에 굴복하지 않기로 결심했다.

우선 백미러를 보는 대신 전방 주시에 더 많은 시간을 할애하는 연습을 했다. 또한 속도를 높여 제한 속도에 가깝게 운전하며, 느린 차량을 추월 차선을 이용해 앞지르는 연습을 했다. 친구들과 어딘가를 갈 때도 직접 운전석에 앉았고 붐비는 도로도 피하지 않았다. 이처럼 안토니아는 감정적 추론 편향과 정반대되는 행동을 연습했다. 두려움이 더 큰 누려움을 낳지 않도록, 점차 두려움의 그늘에서 스스로를 벗어나도록.

태도가 기분을 만든다

두려움과 불안을 느낄 때마다 '가짜 경보'인지 구별하지 않았다면, 불안은 당신을 더 잠식하고 있었을 것이다. 스스로 만든 두려움 체계가 거짓 경보를 울릴 가능성을 고려하는 것은 감정을 대하는 새로운 프레임이다. 자신의 두려움과 불안 중 상당 부분이 거짓 경보라는 사실을 인정하지 않으면 감정적 추론 편향을 극복할 수 없다. 만약 모든 불안이 실제 위험을 정확히 포착할 능력이 있다고 인식한다면, 그 감정이 진짜 경고인지 거짓 경보인지 판단하려는 시도조차 하지 않은 채 '분명 위험한 상황이 벌어진 거야'라는 감정적 추론에 빠지고 말 것이다.

두려움과 불안에 대한 태도를 바꾸는 한 가지 방법은, 자신에게 떠오른 감정과 실제 결과를 적어두었다가 몇 주 후에 기록을 살펴보는 것이다.

> 질문 1. 불안이나 두려움을 느낀 후 그 상황이 실제로 위험했거나 위험할 뻔했던 경우(진짜 경보)가 몇 번이나 있었는가?
>
> 질문 2. 불안이나 두려움을 느낀 상황에 머물러도 아무 일도 일어나지 않았던 경우(가짜 경보)가 몇 번이나 있었는가?

감정적 추론이란 두려움, 불안 또는 걱정과 같은 '감정'을 실제 '위험'의 신호로 해석하는 인지적 편향을 말한다. 감정적 추론은 두려움, 걱정, 불안과 같은 감정이 실제로 임박한 위험을 알리는 진짜 신호가 아니라 '가짜 경보'라면 이를 바로잡음으로써 불안에 맞설 수 있다.

감정적 추론 편향에서 벗어나기 위한 첫 번째 단계는 '현재' 일어나고 있는 일에 집중하는 것이다. 불안이나 위험을 느낄 때에는 자신의 감정에 몰입하여 편협해지기 쉽다. 그러므로 시야를 넓혀 주변 환경을 바라보는 방법을 익히고, 이 과정을 통해 현재 환경 속에서 두려움을 바라보고 이해해야 한다.

동시에 주변 환경의 위험 요소와 안전 요소를 확인하고 평가함으로써 지금 상황을 현실적으로 인식할 필요가 있다. 만일 지금 상황이 위협적이라기보다 안전한 쪽에 가깝다면 스스로 느꼈던 불안은 '거짓 경보'일 가능성이 높다.

이처럼 두려움이 보내는 '진짜 경보'와 '거짓 경보'를 구별하는 것은 불안을 잠재우는 데 중요한데, 둘을 구별하는 한 가지 방법은 두려움이나 불안의 원인을 찾는 것이다. 이 상황이라면 대부분의 사람이 불안이나 두려움을 느끼는지, 이 상황을 피하면 실제로 위험이 크게 줄어드는지, 또 이 상황을 회피한다면 삶의 질이 낮아질 것인지, 시간이 지나면 불안이 자연스럽게 사라질 것인지 등을 스스로에게 질문하고 답을 구하는 과정에서 경보 오류를 바로

잡는 것이다.

감정적 추론은 마치 보이지 않는 침입자처럼 우리가 모르는 사이에 우리의 불안 수준에 영향을 미친다. 뇌의 잘못된 시그널, 보이지 않는 침입자의 가짜 경보에 휘둘려 더 이상 인생을 허비하지 말자.

11장

끈질긴 습관을
내려놓기

반복적인 강박 행동에서 자유로워지기

중화

Neutralization

불안이나 걱정을 유발하는 부정적 경험의

가능성을 줄이기 위해 의식적으로 노력하며

습관적으로 사고하거나 행동하는 방식

달콤한 간식을 자꾸 찾거나, 하루 종일 커피를 달고 사는가? 담배를 끊지 못하고, 온종일 소셜미디어를 확인하는 습관이 있는가? 이런 습관이 해롭다는 것을 알면서 이를 줄이려고 하지만 금방 의지가 무너지고 그 습관을 반복하고 있지 않은가? 건강하지 않은 습관은 불안과도 관련이 있다. 불안한 삶을 살다 보면 불안을 완화하려는 방식에 의존하게 된다. 이런 대처 방식을 반복적으로 사용하면 그것은 불안을 악화시키는 의례ritual의 형태로 굳어질 수 있다.

집을 나설 때 '문을 잘 잠궜나?'라는 생각이 얼마나 자주 드는가? 당신은 '당연히 잠궜겠지. 나는 늘 문을 제대로 닫고 나오니까. 이건 내 습관이잖아'라고 생각하며 자신을 안심시킬 것이다. 하지만 이런 생각에도 안심이 안 되고 여전히 확신이 들지 않는다면? '만약 제대로 안 닫혀 있으면 내가 없는 사이에 누군가가 집에 무단 침입을 할 수도 있어'라는 불안감이 생기기 시작한다. 이런 의심과 함께 나쁜 일을 상상하면서 불안감이 커진다.

이럴 땐 어떻게 해야 할까? 가장 논리적인 해결책은 집으로 돌아가 문이 잘 잠겼는지 확인하는 것이다. 잠긴 문을 확인한 순간 불안이 즉시 사라지고 다시 집을 나설 수 있다. 이처럼 확인은 불안을 해소해주는 일종의 중화neutralization 행동이다. 중화란 사전적으로 서로 다른 성질을 가진 것이 섞여 각각의 성질을 잃거나 그 중간의 성질을 띠게 하는 것을 뜻한다. 산성 용액에 염기성 용액을 섞어 중성을 만드는 화학 반응처럼. 불안할 때 불안을 일으킨 행위를 제거함으로써 불안을 없애는 것이 바로 중화 행동이다.

사람들은 불안을 중화하기 위해 다양한 방법을 쓴다. 같은 행동을 다시 하며 제대로 했는지 확인하거나, 같은 글을 여러 번 읽어 제대로 이해했는지 확인하거나, 사물을 특정한 순서로 정리하거나, 부정적인 생각을 지우려고 긍정적인 생각을 떠올린다. 기도하거나 마음을 달랠 수 있는 말을 반복하는 것도 그렇다. 이런 다양한 반응은 모두 불안감을 줄이거나 없애는 기능을 한다.

일반적으로 사람들은 문을 확인하면서 '문이 제대로 잠겼어. 누군가가 집에 침입해 물건을 훔쳐 가지는 않겠지'라고 생각하게 된다. 하지만 강박장애가 있는 사람들의 경우에는 한 번의 확인으로는 불안이 해소되지 않는다. 그래서 문이 잠겼는지 몇 번이나 집으로 돌아가 확인하기도 한다. 혹시 불안을 줄이기 위해 '반복적'으로 하는 행동이 있는가? 그렇다면 그것은 '중화 의례'일 가능성이 크다.

모든 중화 의례는 잘못된 믿음에서 비롯된다. 문단속 사례로 돌아가보자. 문을 반복적으로 확인하려면 '나는 나를 믿을 수 없다', '나는 문을 열어두고 나오는 버릇이 있다'라는 믿음이 있어야 한다. 그런데 그 믿음이 사실일까? 정말로 문을 제대로 잠그지 않고 집을 떠나는 경향이 있을까? 아니면 잘못된 믿음이 있는 걸까? 이

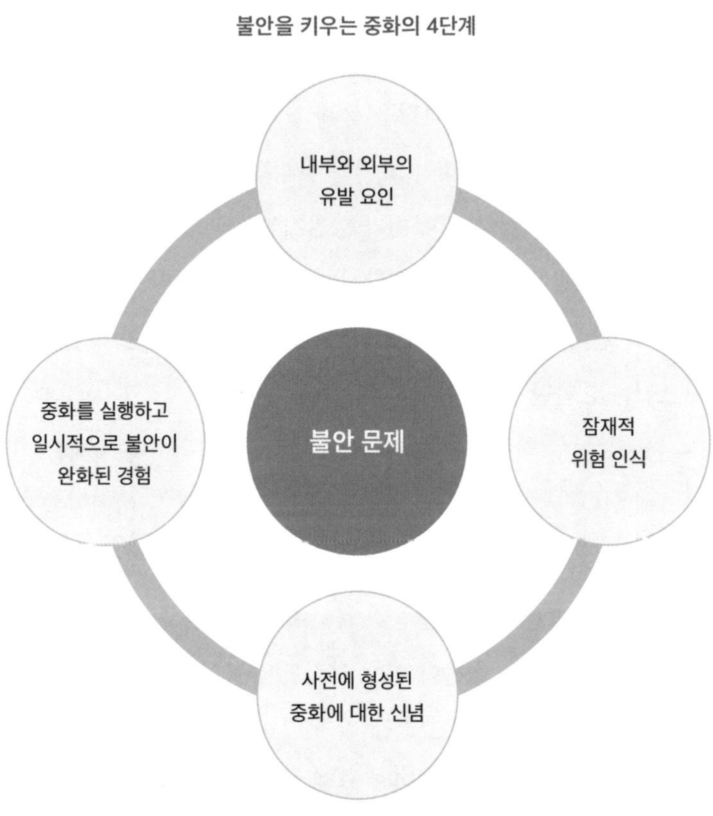

를 확인하는 방법은 가끔 무작위로 재확인을 해보는 것이다. 재확인은 의심이 들든 말든 집으로 돌아가 문이 잠겼음을 확인하는 행위를 포함한다. (단, 몇 번만 해보길 바란다. 지나치게 하면 확인 강박이 생길 수 있으니.) 중화가 불안을 증폭하는 방식은 여러 가지 심리적 과정이 상호작용하면서 일어난다.

앞의 그림에서 설명하는 심리적 과정들은 문제적 불안과 관련이 있다. 문제적 불안은 비정상적으로 강렬하고 지속적이며 상황에 비해 너무 크게 나타나는 불안을 말한다.

중화 의례는 네 가지 과정을 통해 불안의 강도와 지속성을 높인다. 먼저 불안을 유발하는 요인이 활성화된다. 공중화장실의 손잡이처럼 더러울 것 같은 무언가를 만지는 것과 같은 외부 상황이나, '내가 보낸 이메일이 상대방에게 오해를 불러일으킬 수도 있겠어'와 같이 내면에서 떠오르는 생각이나 상상, 충동이 불안을 일으키는 요인일 수 있다.

유발 요인이 작동하면 즉각적으로 잠재적 위험이나 피해를 연상하게 된다. 문고리를 만져서 내 손이 오염된다든지, 이메일을 받은 사람과 관계가 나빠질 수 있다고 생각하게 되는 것이다. 이렇게 잠재적 위험을 인식하는 순간 불안이 증가한다.

불안을 중화하는 습관이 있는 사람들은 불안할 때마다 중화의 힘을 믿는다. '오염된' 문고리를 만지고 나면 세균을 제거하기 위해 여러 번 손을 씻고, 이메일을 보낸 후에는 반복해서 다시 읽으며 오해의 소지가 없을 것이라고 자신을 안심시키려고 한다. 이 경우 손 씻기와 이메일 반복 읽기는 중화 의례이며, 이런 의례는 불안을 일시적으로 완화한다.

하지만 불행인 것은 나를 안심시키는 과정이 사실상 유발 요인이 위험을 발생시킨다는 믿음을 강화함으로써 불안을 키우고 중화 의례를 반복하게 만든다는 것이다. 안도감은 잠시며 불안은 더 오래 지속된다. 게다가 시간이 지나면서 **재확인 추구(7장)**나 **회피(3장)**와 같은 다른 심리적 과정과 달라붙어 더욱 심각해질 수 있다. 이제 강박장애가 있는 마틴의 사례를 통해 중화 행동이 얼마나 심각한 결과를 가져올 수 있는지 살펴보자.

세균 공포증 환자 마틴의 이야기

마틴은 오염에 대한 두려움이 너무 큰 나머지 손을 씻는 강박적 행동에 빠져 있었다. 그는 자신이 지나치게 자주 손을 씻는다는 사실을 알고 있었지만 '그만둬야지'라고 결심하는 것만으로 습관을 고칠 수 없었다. 마틴은 스스로를 '세균 공포증 환자'라고 불렀다. 그는 10대 후반부터 세균을 극도로 두려워했다. 이제 30대 중반이 된 그는 여전히 세균 감염을 두려워하고 끊임없는 손 씻기와 소독 강박으로 일상이 엉망이 되고 있었다.

몇 년 전 그는 강박장애 진단을 받았다. 그의 강박 유형은 불안을 이해하는 데 특히 중요한 사례다. 그의 강박이 세균 노출이 걱정될 때 느껴지는 강렬한 불안을 해소하고 싶다는 욕구에서 비롯되었기 때문이다. 불안을 해소하기 위해 마틴은 반복적으로 손을 씻고, 샤워를 오래 하며, 하루에 여러 번 옷을 세탁하고, 물건을 알코올로 닦았다. 이 모든 행동은 오염에 대한 불안을 낮추려는 중화 반응이었다.

마틴이 중화의 함정에 빠진 이유를 이해하는 것은 어렵지 않다. 손이 더럽거나 끈적해졌거나, 세균이 있을지도 모르는 무언가를 만졌다고 잠시 생각해보자. 손을 꼼꼼히 씻는 것은 자연스러운 반응이다. 질병을 유발할 수 있는 세균이 걱정된다면 손 세정제를 사용할 수도 있다. 그런데 마틴의 강박장애는 일반적인 반응을 훨씬 뛰어넘었다. 집 밖 세상의 거의 모든 것은 그에게 오염 공포를 주었고, 한 번 손을 씻는 것으로는 절대 안심이 되지 않았다. 그는 너무 자주 강하게 손을 씻어서 손이 갈라지고 피가 나기도 했으며, 매일 몇 시간씩 청소하고 몸을 씻고 물건을 소독하기에 이르렀다.

치료를 받으러 온 시기에 마틴은 사실상 집 밖의 모든 것을 오염원으로 인식하고 있었다. 그는 세균이 암 발병 위험을 증가시킨다는 잘못된 믿음을 가지고 있었다. 코로나19 팬데믹이 시작되자 그의 강박장애는 더욱 심각해졌다. 공공장소와 사람들과의 접촉이 심각한 감염을 일으킬 수 있다는 증거가 확실해진 것이다. 그는 바이러스가 곳곳에 있다고 생각했기 때문에 극단적인 대응에 나섰다. 집안에 위생 장비를 잔뜩 쌓아두었고, 아내가 밖에서 생활하다 집에 돌아올 때마다 그녀의 모든 물건을 알코올로 닦는 등 지칠 때까지 방역을 일삼았다. 결국 마틴은 출근도 하지 않고 아플 때 병원조차 가지 못할 정도로 집에 갇혔다. 그는 외부 세계에 관련된 모든 것을 아내에게 의존해야 했고, 그들의 관계에도 마찰을 일으켰다.

마틴은 수많은 상황에 두려움을 느꼈다. 쓰레기통, 유선 전화기, 식기세척기 속의 더러운 그릇, 외부 문고리, 냉장고에서 음식 꺼내기, 택배 상자 만지기, 자동차 운전, 낯선 사람과 가까이 있는 상황 모두가 두려움 그 자체였다. 마틴은 극심한 두려움을 느꼈고, 손 씻기, 샤워, 알코올 티슈로 물건 닦기와 같은 중화 행동으로 두려움에 반응했다. 강박 행동은 불안감이 완화될 때까지 계속되었다. 불안이 줄어들면 위험이 지나갔다고 생각했지만, 몇 분 후에 새로운 불안 요소가 등장해 같은 패턴이 반복되었다.

그는 냉장고에서 우유를 꺼내면 바로 '이 우유는 가게에서 온 거야. 많은 사람들이 이 우유갑을 만졌어. 내가 정말 모든 세균을 제거했을까? 아마 세균이 남아 있을 텐데 우유갑을 만져버렸네' 라고 생각했다. 이런 사고 과정은 강렬한 불안을 일으켰고, 그는 손 씻기와 소독 같은 강박 행동을 반복했다. 결국 중화 행동이 반복될수록 마틴의 오염에 대한 극심한 두려움이 고착되었다.

중화 반응은 불안을 완화하기 위해 자동으로 나타나는 반응이기 때문에 없애기가 쉽지 않다. 건강하지 않은 습관일 뿐이니 마음을 굳게 먹으면 끊을 수 있을 거라고 생각하는 건 오산이다. 중화를 멈추려면 강한 의지만으로 충분하지 않다. 중화를 멈추려면 단계적이고 효과적인 전략이 필요하다.

두려움을 없애려는 충동이 얼마큼 강한가

우리는 3장에서 두려움에 직면하는 '노출' 요법에 대해 알아보았다. 3장의 이야기 주인공이었던 자말은 회피하고 싶은 상황을 두려움의 강도 순으로 정리했었다. 마틴도 중화 의례에서 벗어나고자 같은 전략을 사용하여 가장 두려운 상황부터 불안 요인 목록을 작성했다.

하지만 두 사람의 전략에는 중요한 차이점이 있다. 자말과 마찬가지로 마틴은 불안을 느끼는 상황을 약 20개 정도 정리했다. 마틴이 사용할 전략의 목표가 중화 방지이기 때문에 그는 중화 행동을 하려는 충동의 강도에 따라 상황을 나열했다. 중화 충동의 강도는 1~10점 척도로 평가하여 0은 '중화 충동이 전혀 없음', 5는 '중간 정도의 중화 충동', 10은 '참을 수 없는 중화 충동'을 의미한다.

손 씻기 충동에 대해서는 '이 상황은 위험을 유발한다(내 손에 심각한 질병을 유발하는 세균이 묻었는가?)'와 '손을 씻으면 위험이 사라지고 나의 불안이 완화될 것이다'라는 두 가지 믿음이 얼마나 강한가를 기준으로 점수를 매겼다. 이렇게 마틴은 위로 갈수록 중화 충동이 강한 상황을 나타내는 '난이도 사다리'를 만들었다. 다음은 마틴이 작성한 목록의 예시다.

마틴의 중화 충동 목록

불안 유발 요인	중화 충동 점수
붐비는 병원 대기실에 앉아 있기	10
쇼핑몰 푸드코트에서 음식 먹기	9
공공장소에서 맨손으로 문 열기	9
고급 레스토랑에서 식사하기	8
주유소에서 맨손으로 주유건 사용하기	6
쓰레기 수거일에 맨손으로 집 휴지통 만지기	6
배송된 택배 상자를 맨손으로 집어 들기	5
더러운 그릇을 식기세척기에 넣기	3
새로 산 식료품 포장 만지기	2
찬장 손잡이 만지기	1

마틴의 사다리는 치료 방향을 설정하는 기준이 되었다. 사다리의 가장 아래부터 시작하는 것은 시간 낭비일 수 있었다. 조금만 노력하면 손 씻기를 멈출 수 있는 쉬운 상황이기 때문이다. 그래서 그는 더러운 그릇을 식기세척기에 넣거나 맨손으로 택배 상자를 집어 드는 조금 더 어려운 단계부터 시작하기로 했다. 이런 상황에서 그는 손 씻기 의례를 멈추기 위해 다양한 전략을 사용해야 했다. 먼저 맨손으로 택배 상자를 만지는 일부터 살펴보자.

단번에 끊기와 점진적 줄이기

마틴은 자신의 세균 공포가 지나치며 비합리적이라는 것을 알고 있었다. 모두가 문손잡이를 만지며 생활하고, 아프더라도 그것이 꼭 문손잡이 때문이라고 단정할 수는 없다. 반복해서 손을 씻는다고 해서 모든 세균이 제거된다는 보장이 없다는 것을 그는 알고 있었다. 게다가 세균을 검출할 수 있는 스캐너를 쓸 수도 없는 노릇이었다. 강박이 더욱 심해질 테니까. 그래서 그는 어느 정도 안도감이 생길 때까지 손을 씻어서 불안을 줄이려 노력했던 것이다.

마틴은 단번에 강박적 손 씻기를 멈추는 방법이 합리적이지 않다고 생각했다. 여러 번 시도해봤지만 실패해왔기 때문이다. 가족과 친구들은 '그냥 손 씻는 걸 멈춰'라고 말하곤 했지만 그들은 마틴이 씻고 싶다는 충동을 얼마나 강하게 느끼는지 이해하지 못했다. 그래서 그는 '점진적 줄이기' 방식을 택했다. 난이도 사다리를 점점 올라가며 단계에 맞춰 점진적으로 손 씻기와 소독을 줄여나가는 방식이었다.

택배 상자의 경우 마틴의 목표는 택배 상자를 맨손으로 만진 후 즉시 손을 씻거나 손 소독제나 알코올 티슈를 사용하지 않는 것이었다. 그는 손 씻기를 참는 일이 가장 어렵다고 판단하여, 손 소독제와 알코올 티슈 사용을 먼저 줄였다. 다음으로 택배 상자를 만진 후 곧바로 손을 씻지 않고 5분간 기다린 후 씻는 연습을 했다. 5분 동안 견디는 일에 자신감이 생기자 10분을 견뎠고, 이후 5분씩 시간을 늘렸다. 몇 주가 지나자 불안이 줄어들기 시작했다. 세균 외에도 다른 오염 물질이 있으리라 생각되는 상황에서 그의 집중력이 흐트러지기도 했지만, 즉시 손을 씻어야 한다는 강한 충동을 견뎌냈다는 사실 자체가 의미 있는 성과였다.

점진적 줄이기의 단점은 개선 속도가 느리다는 것이다. 두려움을 유발하는 여러 가지 상황을 하나씩 다루면서 중화 충동을 견디는 연습을 하려면 몇 달이 걸릴 수도 있다. 마틴도 '난이도 사다리'의 모든 단계를 올라가는 데 여러 달이 걸렸다. 하지만 이 방법은 성공률이 더 높을 뿐만 아니라, 불안과 중화 충동에 압도되어 포기할 가능성이 적다는 장점도 있다. 점진적 줄이기는 현재 단계가 너무 어렵다면 더 쉬운 단계로 조절할 수 있다는 점에서 유연한 방법이기도 하다.

긍정적 확신이 제어의 동기가 되기까지

두려움과 마주하고 불안을 잠재우기 위해 중화 행동에 의존하는 습관을 멈추려면 상당한 용기가 필요하다. 중화 방지가 중요하다는 믿음이 있어야만 이 프로그램을 잘 따를 수 있다. 강한 동기를 유지하려면 중화 의례가 불안에 미치는 강력한 영향을 깊이 이해할 필요가 있다.

건강에 해로운 음식을 줄이려고 노력한 적이 있는가? 그런데 끊으려는 음식을 참지 못하고 조금 먹었을 때를 생각해보자. 과연 그 음식에 대한 갈망이 줄어들었는가? 한 번 먹기 시작해서 오히려 더 많이 먹게 된 적은 없었는가? 불안을 완화하려는 중화 의례도 마찬가지다. 중화를 반복할수록 불안과 중화 사이의 연결이 더욱 강화된다.

마틴은 강박장애 증상이 오르락내리락하는 과정을 통해 이런 연결성을 직접 경험했다. 강박장애 치료제를 복용하면 손 씻기 강박이 약해져서 손 씻는 빈도가 줄어들었다. 동시에 불안도 완화되었다. 하지만 회피 경향은 그다지 바뀌지 않아서 더 많은 상황을 피하고 있었다. 하지만 이 과정에서 중화 의례(손 씻기와 소독)가 줄어들면 불안도 함께 줄어든다는 사실을 깨달았다. 이는 중화 방지가 불안과 두려움을 줄이는 데 긍정적인 영향을 미친다는 것을 의미했다.

마틴은 작은 실험을 하면서 중화 방지의 중요성을 더욱 확신하게 되었다. 택배 상자를 만진 후 손 씻기를 줄여가는 2시간 동안 15분 간격으로 자신의 불안 수준을 기록했다. 동시에 주방 쓰레기통을 만진 후에는 즉시 손을 씻었고 같은 방식으로 불안 수준을 기록했다. 그는 2주 후 두 가지 상황의 결과를 비교했다. 그 결과 2주 후 택배를 만졌을 때보다 주방 휴지통을 만졌을 때의 불안 수준이 훨씬 더 낮았음을 확인할 수 있었다.

또 다른 놀라운 발견도 있었다. 휴지통을 만진 후 손을 씻는다고 해서 즉시 불안이 줄어드는 것은 아니라는 점이었다. 손을 꼼꼼히 씻었는지 확신이 들지 않으면, 불안 수준이 비슷하거나 오히려 더 커져서 결국 마음이 편해질 때까지 반복적으로 손을 씻게 되는 경우도 많았다. 이 실험을 통해 마틴은 강박적 손 씻기를 줄이는 것이 불안으로 인한 강박장애의 치료에 얼마나 중요한지 확신하게 되었다.

우리는 3장에서 높은 수준의 불안에 대처할 수 있는 다양한 전략을 살펴보았다. 중화 의례를 지연시키거나 완전히 없애는 과정에서 나타나는 불안을 견디기 위해서도 이런 전략을 활용할 수 있다. 마틴은 특히 주의를 전환시키는 방법의 도움을 받았다. 오염에 대한 두려움을 유발하는 물건을 만진 후 마틴은 손 씻기 충동을 참았지만, 예상한 대로 불안감이 증가했다. 이럴 때 그는 상당한 집중력이 요구되는 신체 활동을 함으로써 주의를 분산시켰다. 그는 세차를 하거나, 차고를 정리하거나, 집수리를 하는 등의 활동을 했다. 이런 활동을 하는 동안 불안이 완화된 것은 아니었지만 가만히 앉아 손 씻고 싶은 충동을 억누르는 것보다 훨씬 견디기 쉬웠다.

불안을 중화하려는 행동 알아차리기

우리는 불안의 많은 요소를 비교적 쉽게 파악할 수 있다. 예를 들어, 회피, 재앙화, 재확인 추구는 명확하게 드러나는 행동이다. 그러나 중화 행동은 다르다. 만약 불안이 느껴질 때 손 씻기, 확인하기, 반복적인 행동과 같은 강박적 의례에 의존한다면 쉽게 중화 행동을 알아차릴 수 있다. 이런 경우 강박을 방지하는 전략을 활용하는 것이 치료의 중요한 요소가 될 것이다. 그러나 더욱 미묘한 형태로 나타나서 파악이 어려운 경우도 많다. 발견하기 까다로운 중화 행동의 예는 다음과 같다.

▪ 불안할 때 특정한 단어나 문구, 기도문을 반복적으로 읊조린다.

- 불안한 생각을 특정한 긍정적인 생각으로 대체한다.
- 불안한 생각의 의미를 지나치게 분석한다.
- 괜찮을 거라고 끊임없이 자신을 안심시킨다.
- 불안한 자신에 대해 자책한다.
- 불안한 생각을 억누르거나 멈추려고 한다.
- 편안하고 안전한 장소를 상상한다.

이런 반응들은 겉으로 보기에는 건강한 대처법처럼 보일 수 있다. 그러나 이것이 반복적인 의례로 굳어지면 불안을 더욱 강화하는 원인이 될 수 있다. 불안 대처 방법이 건강하지 않은 중화 반응인지 판단하기 어렵다면 다음의 질문에 답해보자.

- 불안을 느낄 때 반복적으로 사용하는 특정한 대처 방법이 있는가? 이것이 불안을 다루는 일종의 의례로 굳어졌는가?
- 불안을 느낄 때 특정한 대처 방법을 사용해야 한다는 강박(충동)이 느껴지는가? 그리고 그것을 특정한 방식으로 실행해야 한다는 생각이 드는가?
- 만약 이 대처 방식을 실행하지 않으면 불안이 견딜 수 없을 정도로 심해지는가?
- 불안에 대처하는 의례를 실행한 후 일시적으로 안도감이 느껴지는가?

위 질문에 대부분 '그렇다'라고 답했다면, 난이도 사다리를 작성하고 점진적으로 중화 행동을 지연시킴으로써 중화 의례를 줄여나가는 연습을 시작해보길 바란다.

불안을 중화하려는 강박적 노력을 줄이는 법

이 멘탈 트레이닝에서는 불안의 중화 행동을 다루기 위해 3장에서 처럼 '두려움 목록'을 작성해볼 것이다. **중화 행동을 일으키는 상황**을 나열해보는 것이다. 중화 충동의 강도를 측정하기 위해 0에서 10까지의 척도를 사용한다. 0은 '중화 충동이 없음'을, 5는 '보통 수준의 중화 충동'을, 10은 '저항할 수 없는 중화 충동'을 나타낸다. 우리의 목표는 중화 행동을 예방하는 것이므로 중화 충동의 강도에 따라 '오름차순'으로 배열해야 한다.

불안 유발 요인	중화 충동 점수

이 목록을 바탕으로 노출 연습에 들어가보자. 중화 충동 점수 3점 이상의 상황부터 중화 충동을 견디는 시간을 늘려가보자.

12장

지난 일을
떨쳐낼 수 없을 때

일어난 일을 혼자 걱정하느라 애쓰지 말기를

사후 처리

Post-event processing

사회적 상황에서 자신이 한 행동을

반복적이고 통제할 수 없을 정도로 떠올리며

후회할 만한 말이나 행동을 하지 않았다는 확신을 얻음으로써

불안을 완화하려는 재분석 과정

혹시 부끄럽거나 수치스러운 말을 한 것 같다는 생각에 '강박적으로' 걱정한 적이 있는가? 오늘 회의 시간에 했던 말, 동료에게 건넨 말이 밤마다 떠오르는가? 침대 위에 누워 상사에게 보낸 메일이나 거래처에 보낸 메일을 뒤적거리지는 않는가? 후회할 만한 말이나 행동을 했을지도 모른다는 생각이 며칠, 심지어 몇 주 동안 계속 머릿속을 맴돈다면?

내 말이나 행동이 부적절했는지 확신할 수 없어서 당시 일이 떠오르면 불안감과 걱정이 커진다. 그때 부적절한 발언을 했거나 다른 사람에게 상처를 줬다면 불안, 죄책감, 후회, 당황스러움, 수치심 같은 부정적 감정을 경험하게 된다. 이렇게 지난 일을 반복적으로 떠올리는 '강박사고'를 사후 처리post-event processing라고 한다.

'사후post-event'는 사회적 경험이 이후에도 생각나는 일종의 걱정을 의미한다. 이것을 '처리processing'라고 하는 이유는 당시 무슨 말을 했고 상대방이 어떻게 반응했는지 등을 세세히 떠올리며 자신의 행동이나 말이 괜찮았는지 판단하려 하기 때문이다.

문제는 우리의 기억이 완벽하지 않다는 것이다. 우리는 계속 과거 장면을 떠올리며 의심에서 벗어나기 위해 새로운 단서를 찾으려고 한다. 하지만 사후 처리는 이와 반대되는 효과를 가져온다. 의심을 거두고 기분이 나아지는 것이 아니라 자신의 행동이나 말이 적절했는지 확신할 수 없기 때문에 불안이 더 커진다.

혹시 누군가 내 말에 기분이 상했을지도 모른다. 내가 너무 이상한 말을 해서 사람들이 나를 무지하고 무례하고 불안정한 사람이라고 생각했을 수 있다. 하지만 아무리 생각해봐도 확신이 들진 않는다. 계속 기억을 되짚으며 고민하지만 그럴수록 불안감과 걱정이 더 커지는 식이다.

당신이 직장 송년 파티에 참석했다고 가정해보자. 평소 이런 사교 모임을 좋아하지 않지만 송년회이기 때문에 어쩔 수 없이 얼굴을 비춰야 한다. 낯설고 어색하고 불안한 마음에 평소보다 술을 조금 더 마셨다. 동료 몇 명과 이야기를 나누다가 사내 정치에 관한 대화가 이어졌다. 평소라면 말을 아끼고 조심했을 텐데 분위기에 휩쓸려 상사가 무능하고 한심해 보였던 몇 가지 사건을 이야기했다. 동료들도 맞장구치며 그 상사에 대한 웃긴 일화를 줄줄이 늘어놓았다. 별생각 없이 나눈 수다였는데, 다음 날 아침이 되어 전날 일을 떠올리자 속이 울렁거리고 불안감이 엄습해왔다.

'내가 상사에 대해 정확히 무슨 말을 했더라?'

'말하지 말아야 할 내용을 말한 걸까?'

'나만 알고 있어야 할 이야기를 공공연하게 한 걸까?'

'만약 내가 떠든 얘기가 그의 귀에 들어가면 어쩌지?'

'동료들은 나를 어떻게 생각할까? 무례한 말이나 늘어놓는 미덥지 않은 사람이라고 생각하는 건 아닐까?'

당신은 이 질문에 답하기 위해 기억을 더듬어가며 지난밤을 반추하기 시작한다. 그러나 대부분의 질문에는 명확한 답이 없으며, 흐릿한 기억이 다시 살아난다고 해도 불확실성은 여전하다. **의심과 걱정을 해소하려고 더 고민할수록 불안은 커져만 간다.** 사후 처리가 불안과 걱정을 증폭시키는 과정은 이렇다.

사후 처리는 특정한 사회적 경험이 머릿속에 떠오르면서 시작된다. 그러면 자신이 한 말이나 행동이 당신이나 타인에게 해를 끼쳤을지도 모른다는 의심과 불확실성이 커진다. 예를 들어 당신은 스스로 부끄러운 일을 하지 않았는지 의문을 품는다.

'내가 부끄러운 일을 했나?'

'나중에 후회할 일이나 부정적 결과가 생길 행동을 한 건가?'

'내 말 때문에 다른 사람이 나를 욕하거나 얕보지는 않을까?'

이는 자신에게 해가 될 일을 하지 않았을까에 관한 질문들이다. 그리고 다른 사람에게 피해를 줬을 수도 있다.

'내가 한 말이 무례하거나, 공격적이거나, 부적절해서 남들이 나를 나쁘게 생각하지 않을까?'

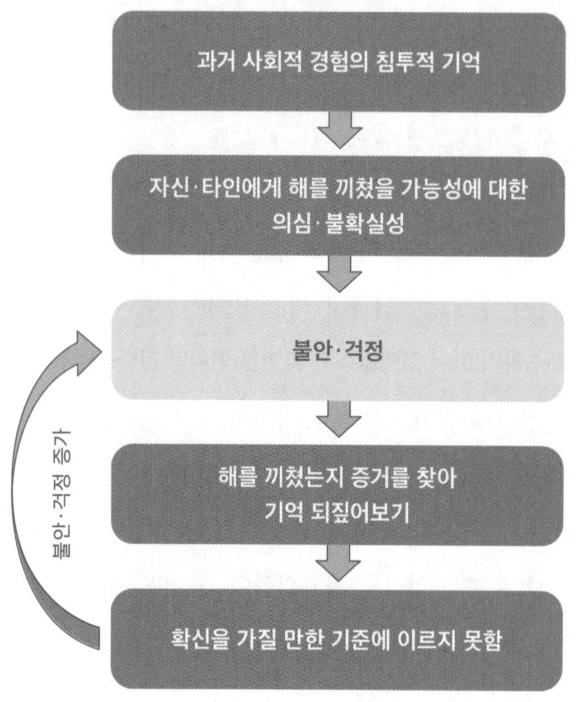

이런 의심이나 불확실성은 불안감과 걱정을 키운다. 이를 해소하기 위해 자신이나 남에게 해를 끼쳤음을 암시하는 단서를 찾기 위해 기억을 더듬어본다. 이런 고민이 몇 분, 몇 시간에 끝날 수도 있지만, 며칠 혹은 몇 주 동안 지속될 수도 있다. 그러나 증거를 찾으려고 노력할수록 아무 일도 없었다는 확신을 얻을 가능성이 더 낮아진다. 이런 기억을 되새길수록 불안과 걱정이 더욱 커지는 악순환에서 빠져나올 수 없게 되고, 당시의 경험이 더욱 강렬하고 힘들게 느껴진다. 결국 사후 처리에 몰입할수록 불안과 걱정이 줄 어들지 않고 괴로움만 커진다.

밤마다 반추하는 내향형 인간 해나의 이야기

어릴 때부터 사회적 상황에서 불안을 느껴온 해나의 이야기를 들어보자. 해나는 원래 내성적이었고 타인에게 폐를 끼치거나 창 피를 당하는 것에 대한 두려움이 컸다. 존중, 청렴성, 배려를 중요 하게 여기는 가정에서 성장하면서 해나는 남들의 감정에 민감하 게 반응하는 성향이 되었다. 그녀는 오래전부터 조용히 지내고, 문 제를 일으키지 않는 것이 최선이라고 생각했다. 그녀는 관심을 받 기보다 배경에 머무는 것을 선호했다. 어릴 때부터 수줍음이 많았 던 해나는 친구를 사귀는 것이 매우 어려웠다. 학교생활 내내 불 안함을 느꼈지만, 그럼에도 학업을 무사히 마쳤다.

해나는 이제 대형 보험회사에서 사내 변호사로 일하지만 불안 은 그녀의 영원한 숙제였다. 그녀는 조용히 지내고 싶었으나 사회 적 상호작용을 피할 수 없었다. 그러나 말을 한마디라도 하고 나 면 누군가를 불쾌하게 했을까 며칠이고 골똘히 생각했고, 과거 대 화를 곱씹을수록 누군가를 기분 나쁘게 했을까 걱정에 빠졌다.

다른 사람에게 무례하거나 상처 주는 말을 하는 것이 특히 두려웠다.

그녀는 다른 사람들의 감정에 지나치게 민감해서 사람들의 반응을 예민하게 살폈다. 그녀에게 최악의 상황은 자신의 발언으로 다른 사람이 수치심을 느끼거나 민망해하는 것이다. 논쟁을 하고 상대와 대립해야 하는 것이 변호사의 일이지만, 해나는 자신이 지나치게 상대를 몰아붙이거나 곤란한 상황을 만들지 않았는지 항상 고민했다.

해나는 자신의 사회적 불안을 다루기 위한 대처 전략으로 사후처리를 사용했다. 그녀는 몇 시간씩 지난 대화를 끊임없이 곱씹으며 생각했다.

'내가 너무 세게 말했나?'

'너무 심한 비판이었나?'

'상대방이 상처받지 않았을까?'

'그들이 나에게 화가 나 있었을까?'

'나 때문에 그 사람이 민망하고 난처했을까?'

'내가 다른 사람에게 상처를 준다면, 난 좋은 사람이 아니야.'

물론 몇 시간씩 과거 대화를 다시 떠올린다고 해나의 불안이 해소되지는 않았다. 그녀가 잘못한 것이 아니라는 증거가 딱히 없어서 불안하고 화가 날 뿐이었다. 다른 사람의 마음속에 들어가지 않는 한 그녀가 상대방에게 상처를 줬는지 알 수 없었다. 해나는 매우 분석적으로 사고하는 사람이었기에 자연스럽게 사후 처리를 사용하게 되었지만, 이것은 역효과를 가져왔다.

일어난 일을 곱씹는 이유는 무엇인가

불안은 현실이든 상상이든 위협에 대한 반응이다. 따라서 해나가 사후 처리 문제를 해결하려면 먼저 그녀의 **두려움이 현실인지, 상상인지, 아니면 과장된 것인지**부터 따져봐야 했다. 그녀가 정말 다른 사람에게 자주 상처를 주는 무례하고 둔감한 사람일 수도 있다. 세상에는 그런 사람들도 꽤 있으니 말이다. 만약 그렇다면 성격과 대인관계를 개선해야 한다. 하지만 단순히 남들에게 피해를 줄 수 있다는 가능성을 상상하여 두려워한다면 그것은 매우 다른 문제다. 상상에서 비롯된 두려움은 아무리 사후 분석을 해도 해결되지 않는다.

현실적인 두려움과 상상에 의한 두려움을 구분하기 위해 해나는 불안함을 느끼고 사후 처리에 빠졌던 과거 경험을 목록으로 만들었다. 최근 경험뿐만 아니라 어린 시절까지 거슬러 오래전 경험들도 포함했다. 그녀가 작성한 사회적 경험은 이랬다.

■ 직장 모임에서 상사와 관련된 사적인 이야기를 했는데 동료들

이 크게 웃었다.

- 친구의 소셜미디어 게시물에 '싫어요'를 눌렀다.

- 중학교 시절, 한 여학생이 발표를 엉망으로 해서 반 친구들과 함께 웃었다. 그 학생은 상처받고 불쾌한 기색을 보였다.

- 언니가 나를 놀려서 "언닌 뚱뚱하고 못생겼잖아"라고 대꾸했다.

- 최근 동료의 준법 감시 보고서에 대해 매우 비판적인 법률 의견서를 작성했다.

해나는 각 경험 옆에 그녀가 상대방을 불쾌하게 했다는 '확실한 증거'를 기록했다. 확실한 증거란 상대방이 불쾌하다고 직접 언급했거나, 불쾌감을 드러내는 표정을 짓거나 행동을 한 경우다. 단순한 느낌이나 걱정은 증거가 될 수 없다.

가장 최근 사례에서는 비판적인 의견을 확인한 동료가 불쾌감을 표시한 적이 전혀 없었다. 법률팀이 서로의 업무를 검토하고 피드백을 주는 것은 일반적인 관행이었다. 곰곰이 생각해보니 동료는 오히려 보고서의 심각한 오류를 지적해준 것에 대해 감사 인사를 했다. 며칠 후 함께 커피를 마실 때도 자연스럽게 대화를 나누었다. 동료가 그녀의 비판에 불쾌감이나 모욕감을 느꼈다는 '확실한 증거'는 없었다.

이처럼 각 경험을 살펴보았지만, 상대방을 불쾌하게 했다는 확실한 증거를 찾지 못한 사건이 대부분이었다. 간혹 상대가 해나의 말을 듣고 불편해했던 경우가 한두 번 있었지만, 그 불편함이 오래 지속되었거나 심각했다는 증거는 없었다. 분명 해나의 문제는 현실보다는 상상의 영역에 가까웠다.

이 연습을 통해 해나는 사후 반추가 불안을 해소하는 데 도움이 되지 않는다는 사실을 깨달았다. 과거의 경험을 되새길수록 오히려 그녀의 감정이나 당시의 장면이 왜곡되었다. 그 후로 그녀는 과거 사건들을 곱씹기 시작할 때마다 이 연습의 결과를 떠올렸다.

'나는 사람들에게 무례하게 구는 사람이 아니야. 이 불안은 현실이 아니라 상상 속에서 만들어진 거야.'

불쾌함의 비용은 얼마인가

사회적 불안은 다양한 두려움에서 비롯될 수 있다. 해나의 경우에는 다른 사람을 불쾌하게 만드는 것에 대한 두려움이 있었다. 하지만 사회적 불안을 일으키는 다른 두려움들도 있다. 가령 창피하거나 수치스러운 상황, 비판받는 일, 반대나 거절을 경험하는 것 등도 두려움의 대상이 될 수 있다. 이런 두려움은, 두려워하던 상황이 현실이 되었을 때 심각한 상황이 일어날 것이라는, 어쩌면 인생에 큰 타격을 주는 일이 벌어질 것이라는 믿음을 기반으로 한다는 공통점이 있다. 하지만 과연 그럴까?

지금까지 수치심, 비판, 거절, 혹은 상대방을 불쾌하게 만든 경험 중 최악의 상황이 어땠는지 생각해보자. 그 **경험이 실제로 당신의 인생을 바꾸었는가? 엄청난 대가를 치러야 하는 사건이었는가?** 중요한 점은 가족이나 연인과의 관계에서 일어난 일은 제외해야 한다는 것이다. 가족이나 연인은 우리 인생에서 특별한 역할을 하기 때문에 그들과의 갈등은 인생이 바뀔 만한 영향을 줄 수 있다. 그러나 사회적 불안은 친밀한 관계 밖에서 발생하므로 사후 처리와 관련된 경험도 가족이나 연인을 제외한 맥락에서 다루어야 한다.

해나에게 가장 마음에 걸리는 사건은 몇 달 전에 있었다. 그녀의 법률팀이 고위 경영진과 회의하던 중 한 회사의 인수 협상 전략을 발표했다. 질의응답 시간에 해나는 동료의 전략에 근본적 오류가 있다고 지적했다. 놓치지 말아야 했을 중요한 사항이었다. 동료는 경영진 앞에서 실수를 지적당해 당황하고 부끄러워했고 해나도 그녀가 수치심을 느낀다는 것을 알아챌 수 있었다. 모두에게 불편한 순간이었다.

이 사건은 해나에게 즉각적으로, 그리고 장기적으로 어떤 영향을 미쳤을까? 그녀는 자신이 느낀 바가 아니라 실제로 일어난 일을 목록으로 정리했다. 동료의 실수를 지적한 행동이 얼마큼의 개인적 비용을 초래했는가? 그 결과가 장기적이고 견딜 수 없을 정도로 심각했는가? 그녀가 정리한 결과는 다음과 같다.

- 그 일 이후 2주 동안 수잔(발표했던 동료)은 나에게 말을 걸지 않았고 나를 피하려고 했다.

- 내가 발표를 할 때마다 수잔이 항상 부정적인 의견을 냈다. 지금은 예전만큼 심하지는 않다.

- 시간이 꽤 걸렸지만 수잔은 더 이상 나에게 적대적이지 않다. 다소 냉담하지만 우리는 서로 예의를 지키며 함께 프로젝트를 진행해왔다.

- 현재 경영진은 모든 인수 계약 검토를 나에게 맡기고 있다.

- 동료 변호사들은 나에게 업무 검토를 요청한다.

- 팀원들이 나를 대하는 태도는 변함이 없다.

- 나는 여전히 좋은 성과 평가를 받고, 연말 보너스도 받는다.

이 목록을 통해 해나는 그녀가 저지른 '가장 심각한 잘못'의 현실적인 결과를 검토했고, 남에게 불쾌감을 준 일의 심각성과 장기적 영향을 지나치게 과장하고 있음을 깨달았다. 사람들은 순간적으로 화가 날 수 있지만 시간이 지나면서 점차 그 일을 심각하게 생각하지 않게 된다. 사람들은 누군가의 말로 불쾌한 적이 있어도 그런 일보다 인생에 더 중요한 일이 많기 때문이다. 그래서 해나는 사후 처리에 몰입하게 될 때마다 그녀에겐 중요한 일이 다른 사람들에겐 중요하지 않을 수 있다는 점을 기억하려고 애썼다. 그녀는 다음과 같은 깨달음을 스스로에게 상기시켰다.

지난 일을 되새긴다고 해서 답이 나오는 것도 아니고 더 불안해질 뿐이야. 내가 남에게 불쾌감을 줬는지 아닌지 알 순 없어. 같은 장면을 반복해서 떠올리면 오히려 작은 일을 과장해서 생각하게 돼. 나 때문에 상대방이 기분이 나빴다고 할지라도 그것이 그 사람에게 큰 문제가 아닐 거라고 가정하는 것이 좋아. 정말 큰 문제라면 상대방이 나에게 직접 말하거나 다른 경로를 통해 전해지겠지.

창피함에 대한 두려움에 맞서기

창피함은 인간이 경험하는 극도로 괴로운 감정 중 하나다. 대부분의 사람은 창피함을 피하기 위해서라면 무슨 일이든 하려 한다. 하지만 사람들이 창피함을 두려워하는 정도에는 차이가 있다. 어떤 사람들은 얼굴이 붉어지는 것 자체가 창피해서 주목받는 상황을 피하려 한다. 반면에 뻔뻔하다는 소리를 들을 만큼 창피함을 개의치 않는 사람도 있다.

해나는 창피함에 대한 두려움이 강해서 사람들 사이에 있으면 소심해지고 불안해했다. 이런 성향으로 인해 그녀는 과거의 경험을 다시 분석하며 그녀가 창피한 말이나 행동을 했는지 확인하려는 사후 처리 습관이 있었다.

사회적 불안을 가진 사람들 대부분이 그렇듯 해나는 창피한 경험이 초래할 결과를 과장해서 해석했다. 그 결과, 자신이 창피한 행동을 했는지 아닌지를 확인할 필요가 있다고 생각했다. 그녀가 이를 위해 사용한 방법은 사후 처리였다. 하지만 이 전략은 결코 문제를 해결해주지 않는다. 이 건강하지 못한 대처 전략을 멈추려면 해나는 창피한 상황이 언제든 발생할 수 있음을 받아들이고 그 영향이 일시적일 뿐이라는 사실을 받아들이는 연습을 해야 했다.

해나는 창피함에 대한 두려움에 맞서기 위해 다시 한번 인지행동치료의 탈재앙화 전략을 사용했다. 첫 번째 단계는 최근의 창피했던 경험을 적는 것이다. 그녀가 선택한 경험은 중요한 회의에 늦은 일이었다.

회의가 시작된 상태에서 해나는 앞쪽으로 걸어가 앉아야 했다. 발표자는 말을 멈췄고 모두가 그녀를 주목했다. 얼굴이 붉어지고 온몸이 뜨거워지는 것이 느껴지자 불안이 치솟았다. 그녀는 모두가 자신의 당황한 모습을 알아차렸다고 확신했다. 다음으로 그녀는 창피한 경험의 결과를 냉정하게 검토했다. 그 당시 불편한 감정이 밀려온 것은 맞지만, 그것이 정말 심각한 일이었을까? 그녀는 다음의 질문을 통해 그 경험을 살펴보았다.

- 동료들이 내가 당황한 것을 알아차린 것이 분명해. 그런데 그 일로 인해 나에 대한 그들의 평가가 바뀌었다는 증거가 있을

까? 내가 창피한 순간을 겪은 후 동료들이 나를 무시하게 되었나?

- 이 부끄러운 경험 이후로 내 인생이 크게 바뀌었을까? 직장에서 잘리거나, 심각한 병에 걸리거나, 연인과 헤어진 것처럼 인생을 바꿀 만한 사건이었을까?

- 회의에 지각한 후로 동료들 사이에서 내 평판이 영영 나빠졌을까? 그들이 '해나는 능력 있고 도움이 되는 괜찮은 사람이었는데, 회의에 늦은 데다가 당황한 기색도 숨기지 못하다니. 감정적으로 취약한 사람이 분명해. 이제 그녀가 다르게 보여'라고 정말 생각할까?

- 다른 사람이 창피한 행동을 했다고 내가 그 사람을 다르게 생각한 적이 있을까? 그렇지 않다면, 왜 나는 다른 사람들이 이제 나를 다르게 볼 거라고 고민하고 있지?

인생을 살면서 창피한 순간이 없는 사람이 어디 있겠는가. 해나는 탈재앙화 전략을 활용함으로써 **창피한 일을 과대평가하지 않고 자연스러운 일상의 일부로 받아들이게** 되었다. 만약 창피함을 그저 순간적으로 불편했던 감정으로 인식한다면 굳이 과거를 되새기며 고민할 필요가 없어진다.

나는 더 괜찮은 사람이 되고 싶어졌다

우리는 사후 처리가 과거에 무엇을 했는지에 대한 확실한 답을 줄 수 없다는 점을 이해했다. 사후 처리의 또 다른 문제는 현재나 미래가 아닌 과거에만 집중하여 해결책을 찾는 데 도움이 되지 않는다는 것이다. 과거를 되풀이하여 생각하는 습관은 불안을 증폭시킬 뿐이다.

해나는 다른 사람을 불쾌하게 만들까 봐 두려워하는 자신의 성향을 실용적이고 현실적인 방법으로 바꾸려고 했다. 한번은 해나가 단골 옷 가게에서 판매 직원과 말다툼을 한 적이 있었다. 해나는 집으로 돌아가는 길에 죄책감을 느끼며 자신이 너무 무례하게 굴었는지 신경이 쓰이기 시작했다(사후 처리).

그녀는 자신이 단지 할 말을 한 것인지, 아니면 무례하고 공격적으로 나간 것인지 당시의 상황을 되새겼다. 그때의 대화를 생각할수록 불안감이 커졌다. 다시 매장에 가서 직원에게 사과해야 할까 고민도 되었다. 하지만 판매 직원은 하루에 수백 명을 상대하고 해나에 대해서는 금방 잊었을 텐데, 그렇게 하는 것도 이상하고 부끄럽고 의미 없는 행동처럼 보였다.

해나는 다른 접근법을 취하기로 했다. 앞으로는 매장 직원들에게 더욱 친절하고 긍정적인 태도를 보이고 칭찬하는 습관을 들이기로 결심한 것이다. 이를 통해 이번 경험을 단순한 말다툼 사건이 아니라 긍정적인 학습 기회로 바꿀 수 있었다.

아무리 후회해도 과거의 말이나 행동에 대해 할 수 있는 일은 거의 없다. 이미 뱉은 말을 되돌릴 수 없고, 사과는 상대방이 불쾌감이나 난처함을 느낀 경우에만 의미가 있다. 하지만 그 경험을 새로운 시각으로 바라볼 수는 있다. 다음의 상황을 살펴보자.

창피한 언행을 했을 때

부적절하거나 정확하지 않거나 무례한 말을 해서 창피함을 느꼈다면 사람들을 피하는 대신 오히려 적극적으로 다가가는 것이 좋다. 누군가가 그 실수를 언급하면, 그 말을 후회한다는 뜻을 밝히고 실수를 인정하고 다시 현재로 돌아간다. **과거를 과거에 두고 오는 것이다.** (그리고 이것이 마지막 실수는 아닐 것이다!)

무례하고 공격적인 발언을 했을 때

불쾌함을 느꼈을 상대와 계속 소통하려는 노력을 기울인다. 상대를 **긍정적이고 존중하는 태도**로 대한다. 만약 상대가 불쾌함을 표현하면, 후회하는 감정을 전달하며 사과하지만, 이후에도 계속 상대와 사회적 소통을 이어간다. 그 사람의 냉담한 태도를 견뎌야 할 수도 있지만 시간이 지나면 자연스럽게 해결될 것이다.

비판받거나 부정적인 시선을 받을 때

비판을 받아들이고 거기서 배울 점이 있는지 고민한다. 이렇게 하면 비판을 개인에 대한 공격으로 받아들이는 것이 아니라 긍정적인 **배움의 기회로 전환**할 수 있다. 전혀 근거 없는 비판에서는 얻을 것이 하나도 없을 수 있다. 하지만 비판으로부터 배울 점이 있었다면 부족한 점을 지적해준 사람에게 감사 표현을 하는 것도 좋다. 누군가가 나를 못마땅하게 여기거나 부정적으로 본다면, 있는 그대로의 모습으로 행동하며 계속 그들과 교류한다. 그러나 그들이 계속 불쾌한 태도를 보인다면 그들과의 접촉을 점차 줄이고 나를 긍정적으로 바라봐주는 사람들과 더 많은 시간을 보낼 필요가 있다.

다른 시각으로 상황을 바라보는 태도는 무의미한 과거의 반추에 빠지는 대신 현재 할 수 있는 일에 집중하는 방식이다. 적극적인 자세로 현재에 초점을 맞추면 불안을 줄일 수 있다.

해나가 사후 반추에 집착한 이유는 다른 사람을 불쾌하게 하거나 수치심을 주는 것에 대한 두려움 때문이었다. 하지만 사후 반추를 유발하는 두려움은 사람마다 다르다. 창피함에 대한 두려움이 있는 사람은 '내가 창피한 말을 하지 않았을까?'에 집중하며 반추한다. 또는 쉽게 창피함을 느끼는 사람은 '내가 창피해하는 걸 남들이 눈치챘을까?'라는 생각에 사로잡힐 수 있다.

다른 사람에게 부정적인 인상을 남겼을 것이라는 두려움이 문제인 사람들도 있다. 이 경우 사후 반추는 내가 다른 사람에게 긍정적인 인상을 남겼는지, 부정적인 인상을 남겼는지 증거를 찾으려는 시도로 이어질 것이다. 이런 사고방식은 다른 사람이 자신을 어떻게 생각하는지 속마음을 추측하려는 '독심술 오류'에 빠질 가능성이 높다.

사후 처리를 유발하는 두려움이 무엇이든 간에 이 장에서 제시된 연습을 활용하여 과거를 곱씹는 습관을 없앨 수 있다. 꾸준한 노력과 인내가 필요하겠지만 연습을 하다 보면 과거에서 현재로 초점을 옮길 수 있을 것이다. 그렇게 할 때, 쉽게 불안해지는 마음을 다스리는 중요한 발걸음을 내딛게 될 것이다.

걱정과 두려움은 현실이 아닐지도 모른다

사후 처리에 저항하는 방법 중 하나는 사후 처리를 유발하는 상황들을 재검토하여, 내가 두려워하는 결과에 대한 실제적인 증거가 있는지 확인하는 것이다.

다음 표에 불안감을 남기고 사후 처리에 갇히게 했던 최근의 경험을 적어보자. 그런 다음, 걱정과 두려움이 실제로 현실화되었음을 보여주는 구체적이고 확실한 증거를 기록한다. 이때 '그럴 수도 있다'는 느낌이나 단순한 걱정은 증거에서 제외해야 한다는 점을 명심하자.

불안을 남긴 최근의 경험들	걱정과 두려움이 현실화된 구체적인 증거

다음으로 다음의 질문을 스스로에게 던져보자. 당신이 적은 내용 중 현실이라기보다는 왜곡된 부분(그 순간에 대한 감정이나 잘못된 인상)은 얼마나 많았는가? 당신의 사후 처리는 불안을 완화하는 데 도움이 되었는가, 오히려 불안을 지속시켰는가?

당신의 불안은 어떤 얼굴을 하고 있는가

이제 불안을 탐구하는 짧은 여정의 끝에 다다랐다. 당신이 이 지점까지 온 것을 보면, 원치 않는 불안과 두려움을 다루는 방법을 고민하고 있었을 것이다.

불안은 우리 감정을 구성하는 필수적인 부분이며 피할 수 없는 감정이다. 인간은 불안을 느끼는 존재이며, 불안은 우리의 삶에서 완전히 없앨 수 없는 감정이다. 불안, 두려움, 걱정이 없다면 우리가 일상에서 마주하는 수많은 위험과 어려움, 장애물에 무방비 상태가 될 것이다. 하지만 많은 사람들이 걷잡을 수 없이 커진 불안으로 힘들어하고 있다. 불안을 느끼는 경험이 더 자주, 강렬하게 일어나고 일상을 방해하고 있다면 이제 무언가를 해야 할 시점이다. 다시 원하던 삶과 한때 누렸던 행복을 되찾아야 할 때다.

이 책은 바로 당신을 위해 쓴 책이다. 불안이 왜 이렇게 많은 사람에게 고통을 주는지로 시작하는 이 책은 해결책 중심의 관점을 제시한다. 또한 불안을 유발하는 12가지 심리적 과정을 하나씩 다루고 있으며, 불안에 관한 개념들을 설명하기 위해 내가 심리치료를 하며 만났던 사람들의 이야기를 담았다. 물론 등장한 임상 사례들은 여러 사례를 종합한 내용이지만, 불안이 우리가 충실히 삶을 살아가는 능력을 어떻게 방해하는지 이해하는 데 도움이 되었을 것이다.

불안을 경험하는 방식은 사람마다 조금씩 다르지만, 그 기저에 있는 심리적 과정은 유사하다. 불안은 퍼즐처럼 복잡하다. 우리는 모두 12개의 퍼즐 조각을 가지고 있지만 그것을 어떻게 결합하고 배열하느냐에 따라 불안의 모습은 달라진다. 12가지 중에서 자신에게 가장 중요한 심리적 과정이 무엇인지 찾아보길 바란다. 어떤 사람들에게는 예기 불안, 재앙적 사고, 회피가 그들의 경험을 가장 잘 설명해주는 요소일 것이다. 통제력 상실, 중화, 과도한 책임에 집중해야 하는 사람도 있을 것이다. 어떤 경우든 이 책에서 배운 내용을 활용해 자신만의 불안 퍼즐을 완성하길 바란다. 그렇게 한다면 앞에서 다룬 인지행동치료 기법들을 실천할 준비가 된 것이다.

이 책에서 소개한 심리적 전략은 불안을 구성하는 핵심 요소를 하나씩 다루고 있다. 우리는 각 장에 등장한 주인공이 이 전략들을 활용해 어떻게 불안과 걱정을 극복했는지 살펴보았다. 이제 당신 차례다. 책에서 설명한 전략들을 바탕으로 자신만의 실천 계획을 개발하는 것으로 시작하길 바란다. 당신의 경험과 가장 관련성이 높은 불안의 측면(불안 퍼즐의 조각)에 더 많은 시간을 투자하는 것이 중요하다. 그 과정에서 만약 인지행동치료의 더 자세한 설명이 필요하다면 책 마지막에 수록한 참고 자료 목록을 참고하길 바란다.

이 책이 누군가에게는 새로운 시작점이 되기를, 또 어떤 이에게는 불안과의 오랜 싸움에서 만난 한 줄기 희망이 되기를 바란다. 당신이 정서적 안정을 향해 가는 길의 어느 지점에 있든, 당신이 삶에서 잃어버렸던 것들을 되찾을 수 있기를 바란다.

글을 쓴다는 것은 사람이 선택할 수 있는 몹시 고독한 작업 중 하나다. 저자는 자신이 쓴 글에 대한 모든 책임을 진다. 그러나 저자는 책의 매우 일부분에 지나지 않는다. 출판물은 공동의 노력으로 탄생하며, 이 책 역시 마찬가지다.

이 책의 출간을 위해 아낌없는 지원과 전문적 조언을 제공해준 뉴하빈저 퍼블리케이션의 편집진과 경영진에게 감사의 마음을 전하고 싶다. 이번 프로젝트를 진행하는 내내 세심하고 친절하게 도와준 기획 편집자 라이언 뷰레시에게 진심으로 감사한다. 이번이 함께 작업한 네 번째 책이지만, 매번 그의 통찰력, 지원, 격려가 원고를 완성하는 데 결정적인 역할을 했다. 라이언은 내가 아는 사람 중 가장 인내심이 많은 사람으로, 종종 부드러운 태도로 나의 실수를 바로잡아주었다. 또한, 초고를 체계적이고 예리하게 편집해준 수석 편집자 빅라즈 질에게도 깊은 감사를 전한다. 그녀는 내가 전하고자 한 다양한 개념을 보다 명확하고 간결하며 쉽게 이해할 수 있도록 다듬어주었다. 교정 편집자 앰버 윌리엄스, 책의 표지를 디자인해준 사라 크리스천의 기여에도 마음 깊이 고마움을 느낀다.

이 책에 담긴 지식과 치료법은 임상심리학과 정신의학 분야의 수많은 뛰어난 연구자, 임상가, 교육자들의 연구 결과에 바탕을 두고 있다. 그중에서도 내 경력에 가장 큰 영향을 준 사람으로 단연 인지행동치료의 창시자 아론 T. 벡 박사를 꼽을 수 있다. 그분의 가르침을 직접 받을 수 있었고, 함께 여러 저작물을 공동 저술할 수 있었던 것은 큰 영광이자 특권이었다. 이 책의 많은 부분에 불안에 대한 그의 혁신적인 지식과 치료법이 녹아 있다.

또한, 출판 저작권 에이전트인 밥 디포리오에게도 감사의 마음을 전한다. 이 책뿐만 아니라 그동안의 저술 과정에서 그는 나에게 탁월한 지원과 격려, 그리고 지혜로운 조언을 아낌없이 베풀어 주었다. 이번 프로젝트에서도 핵심적인 역할을 해준 그에게 깊이 감사한다.

마지막으로, 46년 동안 함께해온 나의 아내이자 낸시 네이슨-클라크에게 깊은 감사의 마음을 전한다. 그녀는 연구와 학술 활동을 이어오면서도 항상 나를 격려하고 늘 나에게 영감을 주는 존재다.

이 책이 불안과 걱정을 다루기 위해 당신이 처음 접하는 인지행동치료 기반의 자기계발서일 수도 있다. 이 책에 제시된 다양한 연습을 시도해보다가 보다 구체적이고 단계적인 지침이 필요하다고 느낄 수 있다. 많은 사람들이 워크시트가 포함된 워크북을 활용하여 인지행동치료 방법을 더욱 효과적으로 활용하는 데 도움을 받고 있다. 만약 다음에 어떤 책을 읽어야 할지 고민하고 있다면, 아래에 저자 이름의 알파벳 순서로 정리한 추천 자료 목록을 참고하길 바란다.

Clark, D. A. 2018. *The Anxious Thoughts Workbook: Skills to Overcome the Unwanted Intrusive Thoughts That Drive Anxiety, Obsessions, and Depression.* Oakland, CA: New Harbinger Publications.

Clark, D. A., and A. T. Beck. 2023. *The Anxiety and Worry Workbook: The Cognitive Behavioral Solution*, 2nd ed. New York: Guilford Press.

Greenberger, D., and A. C. Padesky. 2015. *Mind Over Mood: Change How You Feel by Changing the Way You Think*, 2nd ed. New York: Guilford Press.

Hofmann, S. G. 2020. *The Anxiety Skills Workbook: Simple CBT and Mindfulness Strategies for Overcoming Anxiety, Fear, and Worry*. Oakland, CA: New Harbinger Publications.

Leahy, R. L. 2005. *The Worry Cure: Seven Steps to Stop Worry from Stopping You*. New York: Harmony Books.

Norton, P. J., and M. M. Antony. 2021. *The Anti-Anxiety Program*, 2nd ed. New York: Guilford Press.

Seif, M. N., and S. M. Winston. 2019. *Needing to Know for Sure: A CBT-Based Guide to Overcoming Compulsive Checking and Reassurance Seeking*. Oakland, CA: New Harbinger Publications.

Winston, S. M., and M. N. Seif. 2022. *Overcoming Anticipatory Anxiety: A CBT Guide for Moving Past Chronic Indecisiveness, Avoidance, and Catastrophic Thinking*. Oakland, CA: New Harbinger Publications.

나는 ————————
왜 ————————
———— 남들보다 쉽게
———— 불안해질까

후회와 걱정을 내려놓고
진짜 '나'를 되찾는 불안 심리학

초판 1쇄 발행 2026년 1월 11일

지은이 데이비드 A. 클라크
옮긴이 공지민

펴낸이 김수현
디자인 urbook
제작 357제작소
물류 우진물류

펴낸곳 도서출판 어웨이크
출판등록 2024-000121호
주소 서울시 마포구 신촌로2길 19 플랫폼P 318호
이메일 edit@awakebooks.co.kr

ISBN 979-11-993170-9-3 03180